AF388715

EXERCICES
CHRONOLOGIQUES

PARIS. — IMPRIMERIE MORRIS ET COMPAGNIE
Rue Amelot, 64.

EXERCICES CHRONOLOGIQUES

PAR

EDME MENTELLÈ

Membre de l'Institut

SIXIÈME ÉDITION, REVUE, CORRIGÉE

ET ENTIÈREMENT REFONDUE

PAR

ÉMILE HENRY

Professeur d'Histoire

PARIS

LIBRAIRIE CLASSIQUE DE Mme Vve MAIRE-NYON

QUAI CONTI, 13

1858

PLAN DE L'OUVRAGE

C'est une vérité bien reconnue, et partout répétée, que la Chronologie et la Géographie sont les *yeux de l'Histoire ;* c'est dire assez qu'elles en sont inséparables : aussi personne ne le conteste. Mais le point sur lequel on n'est pas si généralement d'accord, c'est sur la manière de rapprocher ces trois sciences le plus utilement pour les élèves qui commencent à les étudier.

Je crois la méthode adoptée dans cet ouvrage la plus convenable à l'objet qu'on doit se proposer dans l'enseignement élémentaire de *l'histoire* liée avec la *chronologie* et la *géographie*.

1. J'ai divisé par siècles tout l'espace de temps qui s'est écoulé depuis la création du monde jusqu'à présent; c'est une base prise de la *chronologie*. Les siècles qui ont précédé l'*ère vulgaire* appartiennent à l'histoire *ancienne*; ceux qui ont succédé à cette même ère forment les temps de l'histoire *moderne* : et j'ai indiqué les faits les plus importants de ces siècles avec leur date particulière.

2. Pour que cette première étude acquît le degré d'utilité dont je voulais la rendre susceptible, j'ai placé à la suite de courts développements, ou des notices abrégées sur chacun des événements indiqués dans la table chronologique.

Je regarde comme indispensable l'usage de quelques cartes; cependant je n'en publie aucune avec cet ouvrage, afin qu'il puisse se donner au meilleur marché possible. Je pense que probablement les élèves, auxquels il servira, auront déjà des cartes à leur dispositions. Dans tous les cas, voici celles dont on peut faire usage.

Cartes anciennes : *Le monde connu des Anciens ; l'Empire Romain ; carte générale de la Grèce ;*

Cartes modernes : *La mappemonde : les quatres parties du monde ; la France.*

MÉTHODE D'ENSEIGNEMENT.

I. Je suppose, ainsi que je l'ai déjà dit, que les élèves auxquels on veut commencer à enseigner l'histoire possédent les notions élémentaires de la géographie moderne. On trouvera ici, dès le commencement de l'ouvrage, les connaissances générales de la géographie ancienne. Elles suffiront d'abord, si l'on y joint l'étude de la carte qui représente le monde connu des anciens. — *Voyez* Notions générales *de la géographie ancienne.*

II. J'ai placé, à la suite de ces notions de géographie ancienne, d'autres notions générales sur la chronologie. J'y indique ce que l'on entend par *ères* et par *époques;* quel est le point de départ dont on fait usage pour la date des événements appartenant à telle ou telle ère, et j'explique pourquoi on a abandonné, pour l'histoire ancienne, la méthode de compter les années à partir de la création du monde.

III. J'ai placé, à la suite, les tables que les élèves doivent apprendre de mémoire, et, pour ainsi dire, mot à mot, en commençant par la partie ancienne. J'ai même donné cette première table double.

La première présente, siècle par siècle, les événements avec leur date particulière.

La seconde, d'après laquelle on peut exercer les élèves, et procéder aux examens faits à la fin de l'année, en présence des parents, renferme, siècle par siècle, la suite des événements sans leur date. C'est la réponse de l'élève qui doit la donner.

Enfin la troisième offre un exercice d'un genre encore plus difficile, mais qui sert infiniment à fortifier la mémoire des élèves; elle ne présente, siècle par siècle, que les dates des événements connus par les tables précédentes; et j'ai vu des élèves, interrogés d'après ces dates, répondre aussi bien que d'après les deux tables précédentes.

IV. Enfin, je passe aux développements historiques, dont chaque petit article me paraît renfermer des notions suffisantes pour un commencement d'instruction.

La PARTIE MODERNE est traitée de même, excepté que je n'ai pas fait imprimer les tables doubles, de peur d'augmenter la grosseur du volume. Si celles que j'ai mises à la partie ancienne paraissent utiles pour exercer la mémoire, on peut à leur imitation, en faire à la main de semblables pour la partie moderne.

NOTIONS GÉNÉRALES

DE

LA GÉOGRAPHIE ANCIENNE

Les anciens ne connaissaient de la surface de la terre que l'ancien continent, qu'ils avaient divisé en *trois* parties, l'Europe, l'Asie et l'Afrique.

Ils n'avaient même aucun détail sur les parties *septentrionales* de l'Europe et de l'Asie, non plus que sur la partie méridionale de l'Afrique. On voit cependant qu'ils pénétrèrent assez avant dans l'intérieur de cette partie. Quelques historiens disent qu'à des époques reculées, des navigateurs en firent le tour par mer ; mais tout cela n'offre rien d'assez positif ni d'assez certain pour trouver place dans une instruction élémentaire : je m'en tiens donc aux divisions généralement reconnues comme indispensables.

Europe.

L'Europe renfermait l'Hispanie (l'*Espagne*), et la Lusitanie (le *Portugal*), la Gaule (la *France*), la Germanie (l'*Allemagne*), l'Italie (l'*Italie,*), la Grèce proprement dite, la Thessalie, la Macédoine, la Thrace, les deux Mésies, haute et basse; la Dacie, etc. (la *Turquie d'Europe*), et les îles de la Méditerranée.

Au nord, la Bretagne et l'Hibernie (*Angleterre* et *Irlande*).

L'ASIE renfermait l'Asie Mineure, subdivisée en un grand nombre d'États; l'Arménie, la Syrie, la Palestine, la Mésopotamie, etc. (la *Turquie d'Asie*), la Colchide, l'Ibérie et l'Albanie (l'*Imirette*, la *Géorgie*, la *Mingrélie*, etc.), comprises, ou à peu près, dans le *gouvernement du Caucase*, appartenant à la Russie; l'Arabie (l'*Arabie*), la Médie, la Perse (la *Perse*), la Bactriane, la Parthie, la Margiane (empire des *Aughans*). Quant à l'Inde, elle était mal connue, même par les conquêtes d'Alexandre, et depuis ce conquérant.

L'AFRIQUE, s'étendant de l'isthme de Suez à l'Océan, renfermait l'Égypte (l'*Égypte*), la Cyrénaique (le désert de *Barca*) ; la Bizacène et l'Afrique propre (le royaume de *Tunis*), la Numidie (le royaume d'*Alger*); la Mauritanie (le royaume de *Maroc*). Les Gétules étaient dans l'intérieur (le *Béled-ul-Gérid*), etc.

Les îles Fortunées à l'ouest (les *Canaries*), étaient les terres les plus occidentales.

LA CHRONOLOGIE

La chronologie a pour objet de présenter, dans l'ordre des temps, les événements qui appartiennent à l'histoire. Ce mot est formé de deux mots grecs, dont l'un signifie *discours*, et l'autre le *temps*.

On a d'abord divisé le temps d'après la succession du *jour* et de la *nuit*; ensuite on a inventé les *mois*, d'après la révolution de la lune; puis les *années*, d'après le retour apparent du soleil au même point du ciel; enfin, on a introduit la division par *siècle*, espace qui comprend *cent* années.

Les Grecs avaient une division du temps, qu'ils nommaient *olympiade* ; elle renfermait *quatre* années.

Les Romains adoptèrent l'usage d'une division qui renfermait *cinq* années, et qu'ils appelaient *lustre*.

Pour présenter les faits qui appartiennent à l'histoire dans un ordre méthodique, et en indiquer la succession d'une manière commode, toutes les nations ont senti qu'il fallait partir d'un fait mémorable et généralement connu : les Romains ont nommé *ère* cet usage mis en pratique, et même ce point de départ.

Ainsi l'*ère* des Romains commence à la fondation de Rome;

L'*ère* des Grecs, à la première olympiade;

L'*ère* des Syriens, à la première année du règne de Nabonassar;

L'*ère* des Chrétiens, à la naissance de **J. C.** On la nomme l'*ère vulgaire;*

L'*ère* des Mahométans, appelée *hégire*, à la fuite de Mahomet, chassé de la Mecque.

Les *ères* des Grecs, des Syriens, des Romains, appartiennent à l'histoire ancienne, c'est-à-dire aux siècles qui ont précédé l'époque de l'ère vulgaire.

PARTIE ANCIENNE.

TABLEAU CHRONOLOGIQUE DES PRINCIPAUX FAITS DE L'HISTOIRE ANCIENNE.

—

Première table.

41ᵉ SIÈCLE.

Création du monde en sept jours.............. .. 4004

40ᵉ SIÈCLE.

Les fils d'Adam distingués en postérité de Caïn et de Seth.............................

31ᵉ SIÈCLE.

Énoch transporté au ciel....................... 3017

24ᵉ SIÈCLE.

Déluge universel.................... 2348

23ᵉ SIÈCLE.

Construction de la tour de Babel.................... 2247
Commencement présumé de la première dynastie
  des empereurs chinois...................... 2207
Assur et Nemrod en Assyrie....................

22ᵉ SIÈCLE.

Ménès, premier roi d'Égypte.................... 2126
Fondation du royaume de Sicyone.. ....

21ᵉ SIÈCLE.

Bélus, en Assyrie.................... 2023

20ᵉ SIÈCLE.

Naissance d'Abraham.................... 1996
Inachus fonde Argos.................... 1986
Sémiramis en Assyrie.................... 1916

19ᵉ SIÈCLE.

Sacrifice d'Isaac.................... 1871
Culte d'Apis introduit en Égypte..............

18ᵉ SIÈCLE.

Déluge d'Ogygès.................... 1700
Jacob et ses fils....................

17ᵉ SIÈCLE.

Aménophis, roi d'Égypte....................

16ᵉ SIÈCLE.

Naissance de Moïse.................... 1571
Fondation d'Athènes.................... 1570
Déluge de Deucalion.................... 1529
Conseil des Amphictyons.................... 1525
Fondation de Gadès, Sparte.................... 1516

15ᵉ SIÈCLE.

Sortie de l'Égypte.................... 1490
Sésostris, roi d'Égypte.................... 1460
Entrée dans la terre promise.................... 1450

14e SIÈCLE.

Corinthe fondée par Sisyphe.......................... 1370
Expédition des Argonautes.......................... 1350
Fondation de Mycènes par Persée.............. 1348
Les Héraclides chassés du Péloponèse............ 1321

13e SIÈCLE.

Prise de Troie..... 1270

12e SIÈCLE.

Cinquième et dernière expédition des Héraclides
    dans le Péloponèse...................... 1190
Mort de Codrus.......................... 1132

11e SIÈCLE.

Saül, premier roi des Hébreux.................. 1095
David............................ 1055
Salomon............................ 1015

10e SIÈCLE.

Roboam et division des tribus.................. 976
Révolte de } Bélésis. Arbacès. } 916

9e SIÈCLE.

Didon fonde Carthage...................... 883
Caranus, roi de Macédoine.................. 867
Lois de Lycurgue.......................... 866

8e SIÈCLE.

Première olympiade...................... 776
Fondation de Rome........................ 752
Ère de Nabonassar...................... 747
Première guerre de Messénie.............. 743
Fin du royaume d'Israël.. 721
Déjocès en Médie.... 709

7e SIÈCLE.

Deuxième guerre de Messénie.............. 684
Commencements authentiques de l'histoire du
    Japon.............................. 660
Fondation de Byzance...................... 658

— 13 —

Les Scythes se jettent sur la Haute Asie.......... 635
Fin du royaume d'Assyrie.................... 608
Fondation de Marseille par des habitants de Phocée
  en Asie.............................. 600

6ᵉ SIÈCLE.

Astyage, roi des Mèdes.................. 596
Solon donne des lois à Athènes.............. 594
Fin du royaume de Juda.................. 588
Pisistrate à Athènes.................... 561
Cyrus prend Babylone.................. 538
Fin de la captivité des Hébreux.............. 536
Psamménit vaincu par Cambyse.............. 525
Fin de la tyrannie des Pisistratides............ 510
Consuls à Rome (an de R. 244.)............ 508

5ᵉ SIÈCLE.

Bataille de Marathon sous Darius, roi de Perse... 490
Combat des Thermopyles. }
Bataille de Salamine..... } sous Xerxès........ 480
Confucius à la Chine.................. 479
Troisième guerre de Messénie. }
Hérodote historien........... } 463
Guerre du Péloponèse.................. 431
Retraite des Dix Mille.................. 401 à 400
Mort de Socrate...................... 400 à 399

4ᵉ SIÈCLE.

Epaminondas...... }
Bataille de Leuctres. } 371
Première bataille de Mantinée.............. 360
Fin de la guerre Sacrée.................. 348
Bataille de Chéronée.................. 338
Alexandre passe en Asie.................. 334
Bataille d'Arbèles.................... 331
Mort d'Alexandre.................... 324
Bataille d'Ipsus entre ses généraux.......... 301

3ᵉ SIÈCLE.

Première guerre punique.................. 264

Deuxième guerre punique........................ 218
Arsace fonde le royaume des Parthes............ 256
Fin de la race des Héraclides à Sparte... 221
Philopémen ; deuxième bataille de Mantinée..... 206

2e SIÈCLE.

Troisième guerre punique....................... 149
Macédoine soumise par les Romains............. 148
Prise de Carthage.............................. 146
Aristobule, roi des Juifs....................... 106

1er SIÈCLE.

Prise d'Athènes par Sylla...................... 86
Syrie conquise par les Romains................. 65
César passe le Rubicon......................... 50
César, dictateur perpétuel... 45
Hérode, roi des Juifs.......................... 37
Octave, empereur...... 31
Ère vulgaire................................... 0

N. B. Il faut exercer les élèves à répondre d'après ce tableau, soit que l'on nomme les événements, pour qu'ils en disent la *date*, soit que l'on dise la date, pour qu'ils indiquent *l'événement* qui s'y rapporte.

Ils étudieront ensuite les développements de ce tableau.

Seconde table.

41e SIÈCLE. Création du monde.

40e SIÈCLE. Fils d'Adam.

31e SIÈCLE. Énoch transporté au ciel.

24e SIÈCLE. Déluge universel.

23e SIÈCLE. Tour de Babel. Première dynastie chinoise.

22e SIÈCLE. Ménès en Égypte. Nemrod et Assur en Assyrie. Sicyone.

21e SIÈCLE. Bélus en Assyrie.

20e SIÈCLE. Abraham. Inachus. Sémiramis.

19e siècle. Isaac. Apis.
18e siècle. Déluge d'Ogygès. Jacob.
17e siècle. Aménophis.
16e siècle. Moïse. Athènes. Amphictyons. Déluge de Deucalion.
15e siècle. Sortie de l'Égypte. Josué. Minos.
14e siècle. Corinthe fondée par Sisyphe.
Expédition des Argonautes.
Fondation de Mycènes par Persée.
Les Héraclides chassés du Péloponèse.
13e siècle. Prise de Troie.
12e siècle. Cinquième et dernière expédition des Héraclides.
Mort de Codrus.
11e siècle. Saül, premier roi des Hébreux.
David.
Salomon.
10e siècle. Roboam et division de l'État en deux royaumes.
Révolte de Bélésis.
—   d'Arbacès.
9e siècle. Didon fonde Carthage.
Caranus, premier roi de Macédoine.
Lois de Lycurgue.
8e siècle. Première olympiade.
Fondation de Rome.
Ère de Nabonassar.
Première guerre de Messénie.
Fin du royaume d'Israël.
Déjocès, en Médie.
7e siècle. Deuxième guerre de Messénie.
Commencement authentique de l'histoire du Japon.
Fondation de Byzance par des Mégariens.
Les Scythes se jettent sur la Haute Asie.
Fin du royaume d'Assyrie par les Babyloniens et les Mèdes.
6e siècle. Fondation de Marseille.

Astyage, roi des Mèdes.
Solon à Athènes.
Fin du royaume de Juda.
Pisistrate à Athènes.
Cyrus prend Babylone.
Psamménit vaincu par Cambyse.
Fin de la tyrannie des Pisistratides.
Consuls à Rome.

5e siècle. Xerxès.
Combat des Thermopyles.
Bataille de Salamine.
Confucius à la Chine.
Troisième guerre de Messénie.
Hérodote.
Guerre du Péloponèse.
Retraite des Dix-Mille.
Mort de Socrate.

4e siècle. Épaminondas.
Bataille de Leuctres.
Bataille de Mantinée.
Fin de la guerre sacrée.
Bataille de Chéronée.
Alexandre passe en Asie.
Bataille d'Arbèles. Fin de l'empire des
   Perses.
Mort d'Alexandre.
Bataille d'Ipsus.

3e siècle. Première guerre punique.
Arsace fonde l'empire des Parthes.
Fin de la race des Héraclides.
Deuxième guerre punique.
Philopémen. Deuxième bataille de Mantinée.

2e siècle. Troisième guerre punique.
La Macédoine vaincue et réduite en province
   romaine.
Prise de Carthage.
Aristobule, roi des Juifs.

1er SIÈCLE. Prise d'Athènes par Sylla.

La Syrie réduite en province romaine.

César passe le Rubicon.

César, dictateur perpétuel.

Hérode, roi des Juifs.

Octave, empereur.

Troisième Table.

Époques des événements les plus remarquables de l'histoire ancienne.

41e SIÈCLE	4004		1015
31e SIÈCLE	3017	10e SIÈCLE	976
24e SIÈCLE	2348		916
23e SIÈCLE	2247	9e SIÈCLE	883
	2207		867
22e SIÈCLE	2126		866
21e SIÈCLE	2023	8e SIÈCLE	776
20e SIÈCLE	1996		732
	1986		747
	1916		743
19e SIÈCLE			721
18e SIÈCLE	1790		709
17e SIÈCLE		7e SIÈCLE	682
16e SIÈCLE	1570		660
	1529		658
	1523		635
	1519		608
15e SIÈCLE	1491		600
	1490	6e SIÈCLE	596
	1450		594
14e SIÈCLE	1370		588
	1350		561
	1348		538
	1321		525
13e SIÈCLE	1270		510
12e SIÈCLE	1190		508
	1132	5e SIÈCLE	490
11e SIÈCLE	1095		480
	1055		479

5e SIÈCLE.	465	3e SIÈCLE.	221
	431		218
	401 et 400	2e SIÈCLE.	149
	400 et 399		148
4e SIÈCLE.	371		146
	360		106
	348	1er SIÈCLE.	86
	338		65
	334		50
	331		45
	323		37
	301		31
3e SIÈCLE.	264	ÈRE VULGAIRE.	0
	256		

DÉVELOPPEMENT HISTORIQUE DU TABLEAU CHRONOLOGIQUE DE LA PARTIE ANCIENNE.

Nous ne pouvons ici donner de détails sur les époques des premiers siècles; elles se trouvent bien mieux développées dans l'Ancien Testament que nous ne pourrions le faire: il suffira de dire que 19 ans après la création du monde, eut lieu le meurtre d'Abel, assassiné par son frère Caïn; qu'ensuite les fils d'Adam furent distingués en postérité de Caïn et de Seth; et qu'en l'an 3017, Énoch, de la postérité de Seth, fut transporté au ciel à cause de ses vertus.

Après le déluge universel, arrivé en 2348, eut lieu la dispersion de la famille de Noé, composée, en hommes, de *Sem*, *Cham*, et *Japhet*. Cette dispersion suivit de près la construction de la tour de Babel, que la postérité de Noé voulait élever jusqu'au ciel; mais Dieu s'opposa à l'exécution de ce projet par un miracle appelé la *confusion des langues*.

Les descendants de Sem s'établirent, selon Moïse,

aux environs du Tigre et de l'Euphrate ; ceux de Cham se placèrent plus à l'ouest, près la Méditerranée, dans l'Arabie et dans l'Égypte ; enfin, les descendants de Japhet, appelés *Javaniens* et *Gomérites*, peuplèrent l'Asie Mineure, et passèrent en Europe.

Nemrod construisit Babylone, et Assur Ninive ; mais Moïse n'assigne aucune date aux règnes de ces chefs d'anciennes peuplades. C'est dans le 22e siècle que l'on commence à voir paraître les premiers empires.

Quelques auteurs placent aussi dans ce siècle *Fohi*, regardé comme le premier souverain de la Chine ; mais d'autres lui refusent cette haute antiquité.

22e SIÈCLE.

2126. *Commencement de l'histoire d'Égypte.* Selon Hérodote, le premier roi d'Égypte se nommait *Ménès* ; selon Moïse, il se nommait *Mesraïm*. On n'a rien de certain sur ce prince, pas même sur l'époque de son règne. On lui attribue de grands travaux pour contenir le Nil. Si, en effet, ce fut ce prince qui fonda Memphis, il ne dut pas être le premier roi du pays, car tout démontre que l'Égypte commença à être peuplée par la partie méridionale ; la ville de Thèbes dut précéder Memphis.

L'ancienne histoire de l'Égypte n'est pas connue, soit que les prêtres que consultèrent les Grecs voulussent leur en imposer, soit qu'ils l'ignorassent eux-mêmes.

2164. On croit que ce fut vers cette époque que

les premières colonies orientales vinrent s'établir
en Grèce. Les deux plus anciens royaumes de cette
contrée se trouvaient dans le Péloponèse; c'étaient
Argos et *Sicyone*.

21ᵉ SIÈCLE.

2023. *Bélus en Assyrie.* Les commencements de
l'histoire d'Assyrie sont très-obscurs. L'opinion générale est que *Bélus*, qui y fut adoré comme un dieu,
en avait été l'un des premiers rois, et qu'il vivait à
l'époque que je lui assigne ici. Il eut pour successeur
Ninus, en 1968. Ce dernier prince fit de grandes conquêtes.

20ᵉ SIÈCLE.

1996. *Naissance d'Abraham, en Chaldée.* Son
père Tharé était idolâtre. Abraham abandonna le
culte des faux dieux; et Dieu lui ordonna de se rendre à Haram en Mésopotamie.

1986. *Inachus fonde Argos.* On ne sait rien de
l'histoire de ce prince. Il fut le chef d'une nouvelle
colonie orientale, établie en Grèce; le fleuve sur
lequel il construisit une ville, prit de lui le nom
d'*Inachus*. Les rois de sa famille furent désignés par
le nom d'Inachides.

1916. SÉMIRAMIS. Cette princesse, d'abord femme
d'un des capitaines de Ninus, avait suivi son époux
dans la Bactriane; elle s'y fit remarquer par son courage. Après la mort de son mari, tué dans un combat au siége de Bactres, Ninus l'épousa. On lui attri-

bue les embellissements qui firent de Babylone la première ville de l'antiquité. Tels étaient le magnifique temple de Bélus, sur un des côtés de l'Euphrate, et, sur l'autre, les jardins suspendus construits sur des terrasses en forme d'amphithéâtre, etc. Cette princesse, par l'étendue de ses conquêtes et la direction qu'elle fit prendre au commerce, porta l'empire d'Assyrie au plus haut degré de puissance. Il paraît cependant, aux yeux de quelques critiques bien éclairés, qu'on a attribué à Sémiramis les travaux de plusieurs autres souverains.

Son fils Ninias lui succéda ; mais son histoire, non plus que celle de ses successeurs, jusqu'à la première destruction de l'empire d'Assyrie, n'est pas assez connue pour qu'on s'y arrête dans un ouvrage très-élĕmentaire.

19e SIÈCLE.

1871. *Sacrifice d'Isaac, fils d'Abraham.* Dieu, satisfait de la soumission d'Abraham, arrêta son bras levé pour frapper Isaac.

A cette époque s'introduisit en Égypte, à ce qu'on pense, le culte d'*Apis*, symbole vivant d'Osiris, le plus grand des Dieux selon les Égyptiens.

18e SIÈCLE.

1790. *Déluge d'Ogygès.* Ogygès était, dit-on, roi de l'Attique et de la Béotie. Les historiens rapportent à son règne une inondation dans l'Attique, telle qu'elle est indiquée par le nom de *déluge*, qui, d'a-

près l'idée que nous attachons à ce mot, signifie *sub-
mersion totale.* L'Attique est un pays très-sec ; peut-
être le déluge n'eut-il lieu que dans la Béotie ; tout
cela est très-obscur : ce qu'il y a de certain, c'est
qu'on l'a écrit, et, qu'au temps de Sylla, on célébrait
encore à Athènes une fête qui rappelait la mémoire
de cet événement.

17ᵉ SIÈCLE.

Aménophis, roi d'Égypte, érige en l'honneur du
soleil, la statue colossale appelée Memnon, qui, di-
sait-on, rendait des sons harmonieux au lever du soleil.

16ᵉ SIÈCLE.

1571. Naissance de Moïse.

1570. *Cécrops fonde Athènes.* On croit que ce prince
fut le chef d'une colonie venue d'Égypte. Il s'é-
tablit d'abord sur une éminence qui se trouve dans
l'Attique à une lieue et demie du *golfe Saronique.* La
petite ville qu'il y bâtit fut nommée, d'après lui, *Ce-
cropia.* Dans la suite, les habitations ayant été con-
duites jusqu'au pied de la montagne, la *Cécropie* ne
fut plus que la citadelle ; on la désignait par le nom
d'*Acropolis,* ou ville *haute.* Lorsque le peuple, d'abord
dispersé en douze bourgades, eut été rassemblé en
une seule cité, cette ville prit le nom d'*Athènes.* On
attribue cette opération à Thésée, qui régna plus
tard.

1529. *Déluge de Deucalion.* Deucalion était roi de
la Thessalie, pays entouré de montagnes qui en for-

ment, en quelque sorte, une vaste vallée. Il n'est pas étonnant qu'il ait éprouvé quelque grande inondation, dont la fable s'est emparée, pour en faire l'histoire de Deucalion et de Pyrrha.

1523. *Conseil des Amphictyons.* On n'est pas d'accord sur l'origine de ce conseil, ni sur l'étymologie même du nom qu'il porte. Quelques auteurs en attribuent le nom et la fondation à l'un des rois d'Athènes, nommé Amphictyon. Ce conseil était formé de la réunion des députés des douze peuples, qui s'assemblaient à certaines époques, pour délibérer sur des affaires qui pouvaient intéresser tous les peuples de cette confédération. On avait adopté l'opinion qu'ils s'occupaient des intérêts politiques de la Grèce. Mais on a des raisons de croire qu'il était principalement question, dans ce conseil, des affaires de religion, ainsi que dans toutes les associations de ce genre. Car plusieurs des peuples de la Grèce avaient de même un conseil général, compose des députés de chacune des villes de sa fédération.

Le conseil des Amphictyons s'était d'abord assemblé auprès des Thermopyles; depuis il s'assembla à Delphes. Après que les Phocidiens en eurent été exclus pour avoir pillé les trésors du temple de Delphes, et par les intrigues de Philippe, roi de Macédoine et père d'Alexandre, ce prince se fit substituer à leur place, et commença, par cet avantage, à se faire comprendre au nombre des peuples de la Grèce.

1519. *Lelex fonde Sparte.* Cette fondation est à peu près tout ce que l'on sait de ce prince. Les Phéniciens, peuple commerçant et navigateur, fondent vers cette époque la ville de Gadez (actuellement Cadix), en Espagne.

15e SIÈCLE.

1490. *Sortie des Hébreux, tirés de l'Égypte par Moïse.* Le peuple, nommé d'abord *Israélite*, puis *Hébreu*, est le même que, depuis le retour de sa captivité dans le royaume de Babylone, on a désigné par le nom de *Juif* (1). Son histoire est intimement liée à celle de la religion chrétienne. Voici ce qu'il est indispensable de placer ici.

Abraham, habitant de la Mésopotamie, étant passé dans le pays appelé *terre de Chanaan*, et, depuis, *Palestine*, y fut père d'Ismaël et d'Isaac. Ce dernier eut deux fils, Esaü et Jacob. Jacob eut douze fils : l'un deux, nommé Joseph, vendu par ses frères, et acheté en Égypte, y parvint à la place de premier ministre. Il appela ses frères et son père auprès de lui, et les établit dans la terre de *Gessen,* située vers l'isthme de Suez. Leur postérité s'y étant fort multiplée, y forma *douze* familles nombreuses, désignées par le nom de *tribus;* cha-

---

(1) Ce nom français est une corruption du mot *Judæus*, ou, au pluriel *Judæi*, que leur donnaient les Romains d'après la tribu de *Juda*, qui en était la plus considérable, et dont l'un des deux royaumes porta le nom.

cune portait le nom du patriarche dont elle était issue.

Accablés de travaux et de vexations de tout genre par les Égyptiens, ils sortirent de l'Égypte sous la conduite de Moïse, qui en avait reçu l'ordre de Dieu.

1460. *Sésostris, roi conquérant en Égypte.* Sésostris fut un des grands rois de l'Égypte. Il porta, disent les historiens, ses conquêtes jusqu'en Colchide, et laissa partout sur son passage des monuments symboliques de ses victoires. Les avis sont partagés sur l'époque de ce conquérant. Des chronologistes estimés la font descendre jusqu'en **1356.**

1450. *Entrée des Hébreux dans la Terre promise.* Josué était un des chefs qui, sous l'autorité de Moïse, étaient chargés de conduire les Israélites. Ils approchaient du pays de Chanaan, lorsque Moïse mourut : il fut enterré sur la montagne de Nébo. Josué, qu'il avait choisi pour son successeur, continua l'expédition commencée, fit la conquête du pays, et y établit les Israélites. *Deux tribus et demie* furent placées à l'est du Jourdain; *sept et demie* le furent à l'ouest de ce fleuve; et la tribu de Lévi, consacrée au culte divin, n'eut pas de terres, mais vécut des revenus que lui faisaient les onze autres.

1406. *Minos donne des lois à la Crète.* A la même époque, les Hébreux forment une espèce de république, dont le chef porte le nom de juge.

14e SIÈCLE.

1370. *Corinthe fondée par Sisyphe.* La ville de Corinthe existait avant ce prince; mais il mérita d'en être regardé comme le fondateur, à cause des embellissements qu'il y fit. C'est le premier d'une dynastie appelée les *Sisyphides.*

1350. *Expédition des Argonautes.* Le mot *argonautes* signifie *navigateurs dans le vaisseau Argo.* La Fable a beaucoup défiguré ce trait historique. Il paraît que ces Argonautes furent les premiers Grecs qui se hasardèrent d'aller commercer par la *Propontide* et la *mer Noire*, sur les côtes de la Colchide. Ils avaient à leur tête Jason. La Fable dit qu'ils y allèrent enlever une toison d'or, et que Jason, à son retour, ramena avec lui Médée, fille du roi Ætès.

1348. *Mycènes fondée par Persée.* Ce prince était petit-fils d'Acrisius, par Danaé, fille de ce roi. L'oracle avait annoncé qu'il tuerait son aïeul : pour prévenir ce crime, on en commit un autre, car ayant jeté Danaé et son fils nouveau-né à la mer, enfermés dans un grand coffre, on se proposait bien de les priver de la vie; mais ce coffre fut porté par les eaux près d'une côte dont les habitants ouvrirent le coffre et élevèrent Persée. Cependant, l'oracle eut, dans la suite, son accomplissement. Ce prince tua, en jouant au palet, son grand père Acrisius. Il fut reconnu; mais comme c'était un crime involontaire, il n'en parut pas moins habile à succéder au trône d'Argos. Ce fut en revenant vers cette ville, et n'en étant guère qu'à deux lieues, que le pommeau de son épée (appelé en grec *mykè*) étant tombé à terre, il crut y voir un avertissement des dieux, qui lui ordonnait de fonder une nouvelle ville. Il la nomma *Mycènes*, et ce fut le premier roi de ce nouveau royaume.

1321. *Les Héraclides chassés du Péloponèse.* On entend par *Héraclides* les fils et les petits-fils d'Hercule, si pourtant il y a jamais eu un héros de ce nom. On le nommait en grec *Héraclès*. Ce qu'il y a de certain, c'est qu'un prince nommé *Hyllus*, qui passait pour être son fils, fut chassé avec sa famille du Péloponèse par Eurysthée, roi de Mycènes. Ce prince, sans perdre de vue le projet de rentrer dans le pays d'où il venait d'être chassé, se retira à Athènes, où il fut bien accueilli par Thésée.

13e SIÈCLE.

1270. *Prise de Troie.* Pâris, fils de Priam, roi de Troie, était passé dans la Grèce. Se trouvant à la cour de Ménélas, roi de Sparte et frère d'Agamemnon, roi de Mycènes, il réussit à se faire aimer d'Hélène, sa femme, et à lui persuader de quitter son mari, pour le suivre à Troie. Indignés de cet outrage, les deux rois rassemblèrent une armée considérable, où tous les princes de la Grèce conduisirent leurs troupes, passèrent en Asie, sur un très-grand nombre de vaisseaux, et mirent le siége devant Troie. Ce siége, qui fait le sujet d'un des poëmes d'Homère, sous le nom d'*Iliade*, parce que la forteresse se nommait *Ilion*, dura dix ans, et finit par la prise de cette ville.

12ᵉ SIÈCLE.

1190. *Cinquième et dernière expédition des Héraclides dans le Péloponèse.* Hyllus, comme on l'a vu, en se retirant du Péloponèse, avait conservé la résolution d'y rentrer. Lui ou ses descendants avaient fait, d'après ce plan, quatre tentatives inutiles. Enfin, à la cinquième, ils y réussirent sous la conduite de chefs habiles; c'étaient *Aristodème*, *Théménus* et *Cresphonte*. Ce fut alors que les Ioniens abandonnèrent le Péloponèse.

Les princes vainqueurs le partagèrent à peu près entre eux trois; car les chefs qu'ils avaient vaincus en occupaient la meilleure partie. Aristodème eut la *Laconie;* Cresphonte, la *Messénie;* et Téménus, l'*Argolide*.

A la mort d'Aristodème, ses deux fils jumeaux, *Eurysthème* et *Proclès*, furent placés sur le trône; depuis, il y eut constamment à Sparte deux rois sur le trône, l'un descendant de Proclès, l'autre d'Agis, petit-fils d'Eurysthène, d'où vinrent à ces familles les noms de *Proclides* et d'*Agides*.

1132. *Mort de Codrus.* Codrus, roi d'Athènes, était attaqué par les Doriens, lorsqu'il apprit par l'oracle que celui des deux peuples dont le roi serait tué resterait vainqueur de ses ennemis. Pour procurer aux Athéniens ce précieux avantage, il couvrit ses habits royaux d'un sarrau de paysan, se présenta à l'entrée du camp ennemi, portant du bois, heurta un soldat, qui le tua d'un coup d'épée. Mais bientôt on s'aperçut que ce mort était le roi d'Athènes lui-même, et l'on en conclut, d'après l'oracle, que les Athéniens devaient être les vainqueurs, si l'on en venait aux mains. Les Doriens se retirèrent, abandonnant leurs projets de conquêtes.

Les Athéniens furent si pénétrés d'admiration et de reconnaissance envers Codrus, qu'ils ne crurent pas devoir lui donner un successeur : l'autorité fut confiée à des magistrats que l'on nomma *archontes,* d'après un mot grec qui signifie *gouverner.* Le premier qui fut nommé archonte, et c'était Médon, fils de Codrus, devait l'être pendant sa vie. Dans la suite, l'*archontat* ne fut que de *dix* ans ; enfin, il fut d'un an. Ces archontes *annuels* étaient au nombre de *neuf.*

11° SIÈCLE.

1095. *Saül, premier roi des Hébreux.* Mécontents du gouvernement des juges, les Juifs demandèrent un roi. Leur grand prêtre Samuel sacra roi Saül, qui était le plus bel homme de toute la nation. Ce prince régna quarante ans.

En 1055 David lui succéda, fit des fautes, s'en repentit et montra beaucoup de piété. En 1015, Salomon, fils de David, monta sur le trône, se rendit célèbre par sa magnificence et par l'impulsion qu'il donna au commerce de sa nation. Il fit bâtir à Jérusalem un temple au vrai Dieu, et dans le désert, à l'est du Jourdain, la ville de *Tadmor*, qui devint un entrepôt de commerce entre l'Inde et la Méditerranée. Le nom de cette ville signifie palmier; les Grecs l'ont rendu par celui de *Palmyre*.

10e SIÈCLE.

976. *Roboam.* Ce prince succéda à Salomon son père, mais n'eut aucune de ses qualités. Sa conduite ayant soulevé les esprits, une partie de la nation se retira de son obéissance. Jéroboam, l'un de ses généraux, était à la tête des mécontents; il entraîna *dix* tribus dans sa révolte; les deux tribus de Benjamin et de Juda restèrent seules fidèles à leur roi. Ce schisme politique devint même un schisme religieux. *Jérusalem* continua d'être leur capitale; on la regarda comme le lieu seul où Dieu voulût être adoré. *Samarie* le devint du nouveau royaume, appelé royaume d'*Israël*, et eut son temple et ses prêtres; tandis que l'autre prit le nom de *royaume de Juda.*

916. *Révolte de Bélésis et d'Arbacès.* Le royaume d'Assyrie languissait depuis longtemps sous les faibles successeurs de Sémiramis, lorsque, indignés de la conduite efféminée de Sardanapale, *Bélésis*, prêtre de Baal à Babylone, conjointement avec *Arbacès*, gouverneur de la Médie, se révoltèrent contre ce prince. Ils l'assiégèrent dans Ninive, sa capitale, où, pour ne pas tomber vivant entre leurs mains, il se brûla dans son palais avec ses femmes et ses trésors.

Cependant l'empire d'Assyrie ne fut pas entièrement détruit par cet événement, mais il fut considérablement diminué en étendue. Au reste, l'histoire de cet empire est une des parties les plus obscures de l'antiquité.

Bélésis fonda un nouveau royaume, que l'on nomma *royaume de Babylone*, et Arbacès jeta les fondements de la *monarchie des Mèdes*. Ces événements appartiennent au siècle suivant, et sont de l'an **898**.

9e SIÈCLE.

883. *Didon fonde Carthage.* — Didon fuyait, dit-on, la tyrannie de Pygmalion, son beau-frère, roi de Tyr, qui cherchait à lui enlever ses trésors, après la mort de Sichée, son époux. Montée sur un vaisseau qu'elle avait fait armer en secret, elle se transporta, accompagnée de serviteurs fidèles, sur la côte d'Afrique, et se fixa au nord du lieu où est actuellement Tunis. Assez près du même lieu, il existait déjà une colonie, qui en reçut le nom d'*Utique*, c'est-à-dire, l'*ancienne*; la colonie établie par Didon, prit le nom de *Carthage*, qui signifie *ville nouvelle*. Cette ville devint très-florissante, et couvrait la mer de ses vaissaux, lorsque Rome, fondée quelque temps après, n'était encore qu'une réunion de chaumières : cependant ce fut celle-ci qui la renversa : nous verrons plus tard cet événement.

878. *Athalie est mise à mort par les prêtres dans l'enceinte du temple de Jérusalem.*

869. *Invention des mesures et des monnaies par Phidon d'Argos.*

867. *Caranus fonde le royaume de Macédoine.* On ne sait rien de l'histoire de ce prince. Son royaume fut pendant longtemps assez peu étendu : dans la suite, les conquêtes de quelques rois y ajoutèrent de petites provinces, prises sur l'Illyrie, à l'ouest, et sur la Thrace, à l'est.

866. *Lois de Lycurgue.* On a vu précédemment qu'après que les Héraclides se furent établis dans le Péloponèse, deux familles de cette même race de Doriens régnèrent conjointement à Sparte. A leur arrivée, ils avaient soumis tout le pays, et réduit même en esclavage les habitants de la ville d'Hélos, qui leur avaient résisté. Ils les avaient dispersés sur leurs terres, qu'ils leur faisaient cultiver, sans autres avantages que d'y vivre avec leurs familles : cette sorte d'esclaves est connue sous le nom d'*Ilotes* ; il ne faut pas les confondre avec ceux qui servaient dans la ville. D'ailleurs, on ignore qu'elle était la forme du gouvernement ; mais on voit qu'il s'y était introduit désordre et confusion, lorsque Lycurgue, frère du roi Polydecte, qui venait de mourir, ayant conservé la couronne à son neveu Charilaüs, se fit reconnaître comme législateur.

Les lois que fit recevoir Lycurgue forçaient à des vertus rigides, à l'égalité des fortunes et au plus grand dévouement au bien de l'État.

Lycurgue, n'ayant d'abord proposé ses lois que comme un essai, fit jurer au peuple qu'elles seraient observées jusqu'au retour du voyage qu'il allait faire. Il partit, ne revint pas, et assura ainsi à ses lois une exécution continue. Elles subsistèrent très-longtemps ; mais comme elles exigeaient de trop grands sacrifices, elles éprouvèrent, à différentes époques, des atteintes qui les affaiblirent.

8e SIÈCLE.

776. *Première olympiade.* Le nom d'olympiade vient de celui d'Olympie, en Élide, lieu consacré à Jupiter, où l'on célébrait très-anciennement des jeux communs à toute la Grèce. Il paraît que les premières peuplades, voulant donner un centre et un motif de rapprochement aux habitants dispersés, avaient imaginé ces jeux, dont le spectacle était intéressant. On y disputait à la *lutte* le prix de la force ; celui de la légèreté, à la *course* ; de la vigueur, au *pugilat*, etc. Par la suite même, il y eut des courses de chars. On disait que ces jeux avaient été institués par Hercule. Malgré la célébrité du fondateur et les avantages qu'ils présentaient, ils étaient cependant tombés en désuétude : on ne les célébrait plus régulièrement, ni avec la même magnificence, lorsque Lycurgue et Iphitus, roi d'Élide, entreprirent de les rétablir, vers l'an **884.**

Comme les Grecs commençaient à devenir plus

2.

éclairés et qu'ils commençaient à substituer les récits de l'histoire aux fables de la mythologie, ils prirent peu après pour l'*ère*, ou première époque des événements dont ils voulaient conserver le souvenir, l'année dans laquelle un lutteur célèbre, *Chorœbus*, remporta le prix.

On nommait *olympiade* un intervalle de quatre années, dont la première avait commencé par des jeux célébrés au solstice d'été. Pour les autres, on disait la première, la seconde, la troisième, la quatrième année de la *première*, *seconde*, etc., olympiade. Ces jeux, à partir de l'an **776** *avant* l'ère vulgaire, subsistèrent jusqu'à l'an **440**, *depuis* cette même ère, ce qui donne **304** olympiades, comprenant **1216** ans.

752. *Fondation de Rome.* On sait que l'histoire de la fondation de Rome, dépouillée des fables dont on a orné sa naissance et les premières années de Romulus, se réduit à ceci : élevé avec des pasteurs, il réunit autour de soi des hommes à peu près du même état, sans aveu et sans patrie, qui concoururent avec lui à s'en former une. Ils fondèrent une ville entourée de fossés et de murailles, sur le mont Aventin ; y retinrent des Sabines qu'ils y avaient attirées pour voir des célébrations de jeux, les épousèrent et donnèrent à la ville nouvelle le nom de *Rome*, d'un mot qui signifie *force*.

747. *Ère de Nabonassar.* Ce prince était roi de Babylone. Le commencement de son règne a servi d'époque pour l'histoire d'Orient, avec d'autant plus de raison, que tout ce qui précède est fort incertain.

743. *Première guerre de Messénie.* Quoique les lois de Lycurgue défendissent aux Lacédémoniens de porter la guerre hors de leur pays, cette défense ne les empêcha pas de commencer à cette époque, contre la Messénie, une guerre qui dura vingt ans. Voici quel en fut le sujet :

Cresphonte, le premier roi de cette contrée, de la race des Héraclides, y fut assassiné, peut-être parce qu'il était regardé comme un usurpateur. Ses fils s'enfuirent à Sparte, et cédèrent aux Lacédémoniens leurs droits à la succession de leur père, c'est-à-dire, selon eux, au trône du pays. On négligea d'abord de donner de la suite à cette substitution : un petit événement amena l'instant de la remettre en vigueur.

De jeunes Lacédémoniennes ayant été présenter des offrandes au temple de Diane *Linnatides*, furent outragées par des Messéniens. On prit les armes pour venger sur les pères les offenses commises par leurs fils. Telle fut, dit-on, la cause de la première guerre entre les Lacédémoniens et les Messéniens.

721. *Fin du royaume d'Israël.* Le royaume d'Israël, que nous avons vu se former peu après la mort de Salomon, avait eu plusieurs fois la guerre, soit avec le royaume de Juda, soit avec quelques petits royaumes de la Syrie. Mais c'étaient surtout les rois d'Assyrie qui lui avaient porté les plus grands coups. L'un des rois de cet empire, Salmanazar, avait vaincu Osée et lui avait imposé un tribut; quelques années après, ce prince tributaire refusa de le payer. Salmanazar marcha contre ce prince et prit Samarie, dont il emmena les habitants en captivité : une partie de la nation éprouva le même sort.

Les Samaritains, quoique séparés du royaume de Juda, n'en avaient pas moins conservé les *cinq* livres de Moïse que l'on nomme le *Pentateuque*. Ils existent encore manuscrits et même imprimés, mais écrits en caractères plus anciens que ceux appelés actuellement *hébreux*, et qui ne furent à l'usage des Juifs que depuis qu'ils les eurent adoptés à Babylone pendant leur captivité.

709. *Déjocès en Médie.* Depuis la révolte d'Arbacès, dont j'ai parlé précédemment, la Médie avait été en proie à des divisions intestines. Déjocès, riche particulier, se prêtant avec zèle à l'estimable emploi d'accommoder tous les différends, s'y attira la considération générale par un grand esprit de justice. Insensiblement cependant il céda à la voix de l'ambition, se fit donner des gardes, fortifia son château d'Ecbatane, qui devint un ville, et lui-même eut tous les honneurs et l'autorité d'un roi.

7ᵉ SIÈCLE.

684. *Deuxième guerre de Messénie.* La seconde guerre des Lacédémoniens contre les Messéniens est un des événements les plus remarquables de ces temps reculés. Ces deux peuples n'avaient cessé, depuis la première guerre, de se regarder comme ennemis. Enfin, les Messéniens mirent à leur tête le célèbre Aristomène : malgré ses grands talents militaires, non-seulement il ne termina pas cette guerre, puisqu'elle dura quatre-vingt-un ans, mais même il y perdit d'abord sa liberté, puis la vie.

660. *Commencement de l'histoire authentique du Japon.* Il suffit, en ce moment, de connaître cette date : on ne parlera de cet État que dans la partie moderne, au seizième siècle (en **1585**).

658. *Fondation de Byzance.* Byzas, Mégarien et chef d'une colonie qui allait se fixer au loin, s'établit sur un promontoire, à l'extrémité de la Propontide, et tout près d'un canal qui communique à la mer que l'on nommait alors *Pont-Euxin*, appelée aujourd'hui mer Noire. On a raconté qu'avant de partir pour cette expédition lointaine, Byzas, ainsi qu'il était d'usage, ayant consulté l'oracle sur le lieu qu'il devait choisir, il lui avait été répondu qu'il s'arrêterait en face de la ville des Aveugles. On ajoute que son vaisseau se trouvant en face de Chalcédoine, bâtie en Asie, il avait cru devoir en traiter d'aveugles les habitants, qui n'avaient pas vu que la position qu'ils n'avaient pas prise, sur la côte d'Europe, était préférable à celle qu'ils occupaient sur celle d'Asie.

635. *Les Scythes se jettent sur la Haute-Asie.* Les anciens désignaient généralement par le nom de Scythes les peuples habitant l'intérieur de l'*Asie*, comme aussi nous-mêmes, nous les nommons ordinairement *Tartares*, qu'il serait plus correct d'écrire et de prononcer *Tatars*. Cependant, en les connaissant mieux, ils les subdivisèrent en Scythes *cultivateurs*, *royaux*, *nomades*, etc., comme aujourd'hui nous disons les *Usbecks*, les *Calmoucks*, etc., compris généralement dans la race des *Tatars*.

Quant à l'irruption des Scythes, dont il est ici question, elle est connue par l'historien Hérodote. Selon cet auteur, les Scythes poursuivant un petit peuple appelé *Cimmériens* (c'était un peuple septentrional), sous le règne de Cyaxare, roi des Mèdes, s'avancèrent jusque dans la Médie. Ils y étaient entrés par un défilé qui se trouve entre le mont Caucase et la mer Caspienne.

Charmés de la beauté du pays et comptant bien s'en rendre maîtres, ils s'avancèrent vers la Syrie et jusqu'aux frontières de l'Égypte ; ils y dominèrent pendant l'espace de vingt-huit ans. Cependant Cyaxare ne les avait pas perdus de vue, et n'avait pas renoncé à l'espérance d'en délivrer son pays. Le dessein était louable ; mais, pour y réussir, il employa la trahison. Ayant invité à un grand repas les principaux chefs des Scythes, il les fit massacrer : puis il mit aisément en fuite les soldats dispersés et sans discipline. Ceux qui échappèrent au fer des Mèdes regagnèrent leur pays.

608. *Fin de l'empire d'Assyrie.* L'empire d'Assyrie, si vaste au temps de Sémiramis et de quelques-uns de ses successeurs, avait beaucoup perdu de sa puissance et de son étendue, par la révolte de Bélésis et d'Arbacès. Cependant on connaissait encore un État de ce nom, et la ville de Ninive continuait d'en être la capitale. Nabopolassar, roi de Babylone, ayant réuni ses forces à celles de Cyaxare, roi des Mèdes, ils prirent ensemble cette ville où régnait alors Sarac, appelé quelquefois le second Sardanapale. Les rois de Babylone et de Médie se partagèrent cette conquête, et en augmentèrent leurs propres États.

600. *Fondation de Marseille*. Des habitants de Phocée, ville ionienne de la côte d'Asie, et que nous nommons *Phocéens*, vinrent par mer s'établir sur la côte méridionale de la Gaule. Ils y fondèrent une ville qui, gouvernée en république, devint riche et puissante par son commerce. Elle osa même, dans la suite, mesurer ses forces avec celles des Romains.

6e SIÈCLE.

596. *Astyage, roi des Mèdes*. Le règne de ce prince est remarquable, parce qu'alors la monarchie des Mèdes s'agrandit considérablement. Astyage avait marié sa fille Mandane à Cambyse, roi d'un petit pays appelé la Perse. Mais bientôt le fils de Cambyse, Cyrus, ayant pris du service dans les armées de son aïeul, augmenta l'étendue des États de ce prince par de nouvelles conquêtes. Les commencements du règne de Cyrus, aussi bien que sa

mort, sont racontés d'une manière tout à fait diffé-
rente par Hérodote, qui en parla le premier, puis
par Xénophon, qui écrivit ensuite. Quant au fond
de l'histoire, d'après l'un et l'autre historien, il est
prouvé que Cyrus fut un grand homme de guerre
et le fondateur de la monarchie des Perses, qui
succéda à celle des Mèdes, ainsi que bientôt on va
le voir.

594. *Solon, législateur d'Athènes.* Depuis l'abolition de la royauté, Athènes avait éprouvé des
troubles intérieurs, et les désordres s'étaient accrus.
Pour y remédier, et surtout pour en prévenir les
suites, le peuple avait chargé Dracon, homme sage,
mais très-sévère, de faire des lois nouvelles. Il en
fit, en effet; mais elles étaient si dures que l'on a
dit *qu'elles étaient écrites avec du sang.* Ne pouvant être observées, elles furent insuffisantes. Les
rares qualités de Solon le firent choisir pour la ré-
daction d'autres lois. Ce que l'on en connaît, joint
à ce que l'on sait du caractère léger des Athéniens,
prouve qu'il leur donna, ainsi qu'il leur disait lui-
même, les *meilleures lois qu'ils fussent capables de
recevoir.* On lui offrit le pouvoir suprême; il le refusa, et voyagea en Égypte.

588. *Fin du royaume de Juda.* On a vu que le
royaume de Juda, formé des tribus de Juda et de
Benjamin, avait pour capitale Jérusalem. Sous le
règne de Sédécias, dernier roi de cet État, le roi de
Babylone, Nabuchodonosor, entra dans la Judée
avec des forces très-considérables, prit Jérusalem,

chargea de fers le roi et l'emmena en captivité avec la plus grande partie de la nation. C'est depuis cette époque (588) que les Juifs comptent la durée de leur captivité. Arrivés sur les bords de l'Euphrate et du Tigre, ils furent dispersés en differentes parties de l'empire de Babylone.

561. *Pisistrate usurpe l'autorité dans Athènes.* Les lois données aux Athéniens par Solon n'avaient pu arrêter l'audace de quelques esprits remuants, qui, sous prétexte du bien public, cherchaient à s'emparer de l'autorité. Pisistrate, homme ambitieux, mais auquel on ne peut refuser un grand mérite, était parvenu, à force de ruses, à se faire un grand parti parmi le peuple ; puis il s'empara de la citadelle. Il fut chassé trois fois, et trois fois réussit à reprendre l'autorité. Ce fut dans une de ces circonstances qu'ayant travesti en Minerve une fille de haute stature et inconnue à la ville, il la plaça debout sur un char, près de lui, et rentra triomphant dans Athènes, laissant ainsi croire au peuple que la déesse elle-même venait le rétablir à la tête du gouvernement.

Il avait deux fils, Hipparque et Hippias, qui ne réussirent pas à conserver l'autorité qu'avait usurpée leur père.

Pendant son gouvernement, Pisistrate fit des lois utiles, établit une bibliothèque, et s'occupa de rétablir le texte d'Homère dans toute sa pureté.

La comédie, inventée par Susarion, est représentée pour la première fois à Athènes.

Anaximandre invente les cartes géographiques ; et Anaximène introduit l'usage des cadrans solaires.

538. *Cyrus prend Babylone.* Cyrus, formé de bonne heure à l'art de la guerre, avait, ainsi que je l'ai dit précédemment, commandé l'armée des Mèdes du vivant même d'Astyage. Après plusieurs conquêtes et particulièrement celle du royaume de Lydie où régnait Crésus, qu'il rendit tributaire, il mit le siége devant Babylone et la prit.

En 536, ayant succédé à son aïeul, il fonda l'empire appelé *des Perses*, parce qu'il était de cette nation : c'était, comme on voit, l'empire des Mèdes, sous un autre nom.

Le premier usage qu'il fit de sa puissance suprême fut de renvoyer les Juifs dans leur pays, en leur donnant les moyens de remettre Jérusalem et le temple dans l'état où ils étaient avant la captivité. Ils retrouvèrent le livre de leur loi, et rapportèrent avec eux l'écriture des Babyloniens, préférable à leur ancienne écriture. Les Juifs ont conservé jusqu'à ce jour un respect religieux pour cette heureuse délivrance.

525. *Psamménit vaincu par Cambyse.* Cambyse, fils de Cyrus et son successeur au trône de Perse, n'avait aucune des grandes qualités de son père. Cyrus, avant de mourir, avait formé le dessein de soumettre l'Égypte. Cambyse s'y porta avec une armée considérable, y vainquit le roi Psamménit, qu'il retint six mois dans les fers. Mais, dans toute sa conduite, il se déshonora comme souverain et comme général, perdit son armée, qui fut engloutie dans les sables, et mourut à son retour d'une blessure à la cuisse.

Depuis cette conquête des Perses, quoique l'Égypte ne leur ait pas été fort soumise, ils ne laissèrent pas de la regarder comme une province de leur empire. C'est ce qui détermina Alexandre à s'y porter avec ses troupes, lorsqu'il voulut conquérir tous les états de Darius Codoman, ainsi que nous le verrons dans le 4e siècle.

510. *Fin de la tyrannie des Pisistratides.* On désigne par ce nom les deux fils de Pisistrate, Hipparque et Hippias. Ils avaient moins de talents que leur père, mais ils gouvernaient avec sagesse. Leur conduite modérée, mais monarchique, n'en paraissait pas moins odieuse aux Athéniens. Harmodius et Aristogiton, égarés par leur enthousiasme pour la liberté, attaquèrent ces deux princes, et tuèrent Hipparque. Hippias, qui échappa à leurs coups et continua de gouverner ; mais, aigri par la conduite que l'on tenait à son égard, il devint en effet un tyran insupportable, et fut chassé trois ans après la mort de son frère. Il se retira à la cour de Darius, alors roi de Perse, et contribua, par ses conseils, à la guerre qu'il porta depuis dans la Grèce.

508. *Consuls à Rome.* Pendant que les Athéniens chassaient un usurpateur, les Romains chassaient leur roi Tarquin. L'abus du rang suprême leur parut porté à son comble, lorsque l'un des fils de ce prince se fut permis les dernières violences contre une dame romaine, nommée Lucrèce. La nation indignée se souleva, poursuivit le roi fugitif sur les terres de Porsenna, chez lequel il s'était retiré, et par les efforts d'un grand courage, recouvra son indépendance. On substitua aux rois, qui avaient jusqu'alors gouverné pendant toute leur vie, des magistrats appelés *consuls* qui ne restaient en place qu'un an. Cet événement eut lieu l'an de Rome 244.

Voici les noms des sept rois de Rome avant les consuls :

	Ans de Rome.
Romulus......................	1
Numa Pompilius (Sabin).........	39
Tullus Hostilius...............	82
Ancus Marcius.................	114
Tarquin l'Ancien..............	136
Servius Tullius.................	176
Tarquin le Superbe.............	220, chassé en 244.

5e SIÈCLE.

490. *Bataille de Marathon.* Darius, fils d'Hystaspe et l'un des plus grands seigneurs de la Perse, avait été reconnu roi (en 523). Sa première guerre contre les Scythes d'Europe, qu'il avait poursuivis jusqu'au delà des bouches de l'*Ister,* n'avait pas été heureuse : celle qu'il entreprit ensuite contre les Grecs ne le fut pas davantage. Il avait envoyé une armée en Grèce, de cent mille hommes d'infanterie et de dix mille chevaux, commandée par Datis. Elle était parvenue jusque dans l'Attique, près du lieu nommé Marathon. Les Athéniens, au nombre seulement de dix mille hommes, battirent complétement cette armée formidable, sous la conduite de leur général Miltiade.

486. *Xerxès, roi de Perse.* Ce prince avait succédé à son père Darius. Voulant, comme lui, porter la guerre dans la Grèce, il assembla une armée très-considérable, partagée en troupes de terre et en troupes de mer. Les troupes de terre traversèrent l'Hellespont sur un pont formé par une suite de vaisseaux enchaînés les uns aux autres. Elles parcoururent ensuite toute la côte de la Thrace et de la Macédoine, soutenues par la flotte qui les suivait le long des côtes. Enfin l'armée traversa la Thessalie.

480. *Combat des Thermopyles.* La Thessalie, où se trouvait l'armée de Xerxès, est séparée de la Béotie au sud par une chaîne de montagnes, que les anciens nommaient mont Œta. Elles ne laissaient à l'est, entre elles et la mer, qu'un étroit passage que l'on nommait *Thermopyles*, c'est-à-dire, les *Portes Chaudes*, parce qu'il y avait en ce lieu des bains chauds. L'armée de Xerxès ne pouvait pénétrer en Béotie, et par conséquent dans le reste de la Grèce, qu'en traversant ce défilé. Léonidas, avec trois cents Spartiates, se chargea d'en défendre l'entrée, et s'y fit tuer avec sa troupe, à la réserve d'un seul qui échappa au massacre. Mais tel était le dévouement des Spartiates à la gloire de servir leur patrie, que ce même homme fut déshonoré pour avoir cherché, par la fuite, à sauver sa vie. Ce combat, célèbre dans l'histoire de la Grèce, eut lieu le 17 août de l'an 480.

Même année. Bataille de Salamine. Les Perses, maîtres du défilé des Thermopyles, traversèrent la Béotie et se portèrent vers l'Attique. Thémistocle, qui alors y avait la plus grande part au gouvernement, prévoyant que la petite armée des Athéniens ne pourrait jamais suffire à défendre la ville, persuada aux troupes de monter sur les vaisseaux, ne laissant dans la place que les vieillards et les enfants ; car on envoya les femmes dans l'île d'Égine. La petite flotte des Grecs ne comptait que trois cent quatre-vingts vaisseaux, tandis que celle des Perses en comprenait mille deux cent sept. Cependant, s'étant rangés entre la côte et l'île de Salamine, les Grecs ne purent être entamés par les Perses : on se battit corps à corps, et la valeur l'ayant emporté sur le nombre, l'armée des Perses fut dispersée et mise en fuite ; cette victoire eut lieu le 28 octobre. Bientôt, craignant de ne pas trouver, pour le retour de son armée de terre, le pont construit avec des vaisseaux, Xerxès rentra en Asie avec ses troupes. La gloire des Grecs fut portée à son comble.

479. *Confucius en Chine.* Confucius est un des plus grands hommes qui aient honoré l'humanité par la sagesse de sa morale. Son véritable nom était *Confutzé.* Sa doctrine, en Chine, est dans la plus grande vénération ; c'est à peu près la seule religion des gens instruits, qui n'admettent pas, comme le gros de la nation, le culte des idoles.

465. *Troisième guerre de Messénie.* Cette troisième guerre fut la plus désastreuse qu'eussent encore éprouvée les Messéniens. Après leurs défaites en différents combats, ils furent chassés du Péloponèse, ou réduits à la condition d'ilotes. Dans le nombre de ceux qui sortirent de la Grèce, les uns se retirèrent en Libye, où il en périt beaucoup; d'autres passèrent en Sicile, où, s'étant emparés de la ville de Zancle, près du promontoire Pélore, ils lui donnèrent le nom de *Messane*, actuellement changé en celui de Messine.

C'est en ce même temps que vivait Hérodote, le plus ancien et le plus estimé des historiens qui nous restent des Grecs. Il était né en Asie, dans la ville d'Halicarnasse, l'an 484 avant l'ère vulgaire; ses parents y occupaient un rang distingué. Voulant écrire une histoire des peuples alors connus des Grecs, il voyagea chez la plupart des nations dont il aurait à parler, et travailla son ouvrage pendant douze ans. Avant de le publier, il en lut une partie aux jeux olympiques; la seconde partie fut de même lue publiquement à Athènes pendant la fête des *Panathénées.* Les Athéniens furent si enchantés de cet ouvrage, qu'ils firent présent à l'auteur d'une somme de 10 talents, répondant à 55,000 fr. A la suite de ce succès, ce grand homme vint à *Thurium*, dans la Grande-Grèce, en Italie, où l'on présume qu'il mourut. Son ouvrage est partagé en neuf livres qui portent chacun le nom d'une muse.

431. *Guerre du Péloponèse.* On nomme ainsi la guerre de vingt-huit ans, qui eut lieu entre les Lacédémoniens et les Athéniens, et dans laquelle ceux-ci succombèrent. La cause apparente de cette guerre fut le secours que les Athéniens avaient accordé aux habitants de l'île de Corcyre, contre la ville de Corinthe, leur métropole, ce qui était réellement une infraction au droit des gens alors établi : il était d'usage de laisser les colonies s'arranger avec leurs métropoles, sans se mêler de leurs différends. Mais ce n'était pas la seule faute que l'on eût à reprocher aux Athéniens. Le mécontentement venait de plus loin. Pendant toute l'administration de Périclès, ils s'étaient comportés en petits tyrans de la Grèce, et ils avaient tenu leurs alliés dans la plus humiliante dépendance. Sparte, surtout, était mécontente et jalouse.

Par un double malheur pour Athènes, dans le même temps elle perdit Périclès, l'un des plus grands administrateurs qui aient existé, et l'intrigue porta à sa place Cléon, homme vain et sans talents. Les Athéniens, battus en différentes rencontres, perdirent leur flotte sur la côte de la Chersonèse de Thrace, au lieu nommé *Ægos Potamos* (1). Lysandre qui commandait celle des Lacé-

______

(1) Le fleuve de la Chèvre.

démoniens, trouvant cette flotte sans défense, la brûla. Il revint ensuite à Athènes, fit démolir les murs du Pirée, construits au temps et par les conseils de Thémistocle, et livra la république à toutes les horreurs de l'anarchie. On mit à la tête du gouvernement trente magistrats, qui étaient autant de tyrans.

Enfin, en 402, Thrasybule reprit le Pirée, et rétablit la démocratie athénienne. Pour prévenir les nouveaux crimes qu'aurait pu se permettre la vengeance, on convint d'une amnistie générale.

401 à 400. *Retraite des dix mille.* Cette retraite de dix mille Grecs, des bords de l'Euphrate dans la Grèce, à travers de vastes pays occupés par des ennemis armés contre eux, est un des plus glorieux événements de leur histoire. Artaxerxès, que l'on a surnommé *Mnémon*, à cause de sa prodigieuse mémoire, avait pour concurrent au trône de Perse son frère Cyrus, que l'on a surnommé *le Jeune*. Celui-ci demanda du secours aux Grecs, qui lui en envoyèrent. Les deux frères se battirent près de l'Euphrate, à *Cunaxa*, et Cyrus y fut tué de la main d'Artaxerxès.

Les Grecs n'eurent plus qu'à se défendre et à se retirer : ils y réussirent et furent ramenés sur les bords du Pont-Euxin, sous la conduite de Xénophon, alors un de leurs généraux. Ils s'embarquèrent et revinrent dans leur patrie. C'est ce même Xénophon qui a écrit en grec l'histoire de cette expédition.

400 ou 399. *Mort de Socrate.* Socrate est le

premier philosophe qui, chez les Grecs, se soit occupé de la pratique et de l'enseignement de la morale ; car jusqu'à son temps les philosophes s'étaient occupés de sciences. Il était fils d'un sculpteur, et avait d'abord exercé cet art. Entraîné par son goût pour la vérité, il fit d'abord la guerre aux sophistes, qui se faisaient un mérite d'abuser de l'art du raisonnement pour prouver, dans les différentes questions, le *pour* et le *contre* ; ensuite il attaqua les opinions fausses en elles-mêmes, et soutenues vraies par des hommes peu éclairés ou intéressés à soutenir leur crédit. Mais dans cette carrière honorable, il blessa tant d'amours-propres et se fit tant d'ennemis, que, sur de fausses accusations d'impiété, il fut condamné à la mort, qu'il reçut en buvant un verre de ciguë. Cependant, mais trop tard, son innocence ayant été reconnue, ses accusateurs devinrent en horreur au peuple, et sa mémoire fut réhabilitée.

4e SIÈCLE.

371. *Epaminondas.* Ce général était un Thébain distingué par de grandes qualités. Il vainquit les Lacédémoniens à la bataille de Leuctres (en 371) et les força, en 370, à consentir au retour des Messéniens dans leur patrie. Ce fut aussi ce grand homme qui démontra aux Arcadiens que le peu de succès de leur défense contre les Lacédémoniens, était surtout causé par le peu d'union qui régnait entre eux. Il y avait en Arcadie un nombre considérable de petites villes que l'ennemi attaquait les unes après les autres, et dont il était toujours vainqueur. Épaminondas leur conseilla d'abandonner les moins fortes de ces villes, et d'en construire une dans laquelle ils renfermeraient une nombreuse population. Ce fut *Mégalopolis* (ou la grande ville), dans la partie méridionale de l'Arcadie.

360. *Bataille de Mantinée.* Il y a eu deux batailles de ce nom. La première, dont il est ici question, est la plus ancienne. Épaminondas la gagna sur les Lacédémoniens, mais il y périt.

356. *Naissance d'Alexandre*, le même jour que le temple de Diane, à Éphèse, fut incendié par Érostrate.

348. *Fin de la guerre sacrée.* Cette guerre fut nommée ainsi parce qu'elle eut pour cause apparente un zèle religieux. Le lieu appelé Delphes renfermait un oracle et un temple, à l'entretien desquels était affectée une certaine quantité de terres. Quelques-unes de ces terres avaient été envahies par les Phocidiens, chez lesquels elles se trouvaient; on leur en fit un crime, et le conseil des Amphictyons condamna ce peuple à une amende considérable. Pour s'en venger, ils prirent les armes, et pillèrent les richesses que renfermait le temple de Delphes, estimées environ 34,000,000 de f. Cette violation du droit public (car ces richesses étaient un dépôt de toute la Grèce) fut traitée non-seulement de vol, mais même de sacrilége, parce que ce trésor était sous la protection d'Apollon. Les Thessaliens, ennemis des Phocidiens, s'en montrèrent les plus indignés, affectant toute l'apparence d'un zèle religieux. Philippe, roi de Macédoine, qui depuis longtemps formait sourdement le projet de s'immiscer dans les affaires de la Grèce, parut encore plus irrité, et joignit ses troupes à celles qui marchaient pour venger le sacrilége. Les Phocidiens furent battus et exclus du conseil des Amphictyons. Philippe, pour récompense du zèle qu'il avait montré, obtint l'honneur de les y remplacer. C'était ce que souhaitait son ambition ; ce fut un premier pas qui lui ouvrait l'entrée de la Grèce, dont il projetait la conquête.

338. *Bataille de Chéronée.* Les meilleurs esprits chez les Athéniens, et Démosthènes à leur tête, avaient bien démêlé cette politique adroite du roi de Macédoine, et n'avaient rien négligé pour éclairer le peuple sur ses véritables intérêts. Malgré le nombre des orateurs que Philippe soudoyait, Démosthènes parvint à démontrer les dangers de la sécurité qu'ils voulaient inspirer. On déclara la guerre à ce prince ; mais la force triompha de la bonne cause. Il battit les Athéniens à la bataille de *Chéronée*, ville de la Béotie, que la naissance de Plutarque, mort en **119** de l'ère vulgaire, ne rend pas moins célèbre.

334. *Alexandre passe en Asie.* Alexandre, ayant succédé à son père Philippe, suivit ses vues ambitieuses, et se fit nommer généralissime des troupes grecques en Asie, contre les Perses. Il gagna d'abord la bataille du *Granique*, puis celle d'*Issus*, enfin celle d'*Arbèles* ; après avoir fait la conquête de l'Asie Mineure, de la Syrie, de la Judée, et même de l'Égypte, il se trouva maître de toute la partie occidentale de l'Asie. La mort de Darius ne laissa plus d'obstacles à ses conquêtes; il marcha contre la Bactriane, la Sogdiane, enfin vers l'*Indus* à l'est, et battit quelques princes indiens qui lui opposaient des forces considérables. Il mit fin à l'empire des Perses l'an **331**. Il mourut à son retour, s'étant livré à des excès de table, à Babylone, l'an **324**. Ses généraux, profitant des armées qui étaient à leurs ordres, se disputèrent les provinces de ce vaste empire. Ptolémée eut l'Égypte; Séleucus, la Syrie; les autres, des contrées plus ou moins étendues.

312. *Séleucus prend Babylone*, et cet événement commence l'ère des Séleucides.

301. *Bataille d'Ipsus*. Cette ville était en Phrygie; les généraux d'Alexandre s'y battirent et les plus faibles furent défaits.

3ᵉ SIÈCLE.

293. *Le premier cadran solaire est placé à Rome.* L'archontat est aboli à Athènes. Séleucus bâtit en Asie plus de quarante villes.

289. *Pyrrhus, roi d'Épire, entre en Italie pour secourir Tarente;* il est obligé de se retirer après une guerre de six ans.

264. *Première guerre punique.* On nomme guerres *puniques* celles qui eurent lieu entre les Romains et les Carthaginois, que les Latins appelaient aussi *Pœni*. Les détails de ces trois guerres appartiennent particulièrement à l'histoire romaine : je dirai seulement que,

La première commença en **264**, et dura vingt-quatre ans.

La seconde commença en **218**, et dura dix-sept ans. Ce fut dans le cours de cette guerre qu'Annibal, parti d'Espagne avec son armée, traversa les Pyrénées, la Gaule, les Alpes, entra en Italie, et vint jusqu'aux portes de Rome, après avoir gagné les batailles du *Tésin*, de la *Trébie*, de *Trasimène* et de *Cannes*. Elle finit par la prise de Carthage par Scipion.

La troisième, enfin, commença en **149**, et ne fut que de quatre ans. La prise et la destruction de Carthage par Scipion, que l'on a surnommé le second *Africain*, termina cette troisième et dernière guerre.

256. *Arsace fonde l'empire des Parthes.* Les guerres qui avaient eu lieu entre les généraux d'Alexandre, avaient considérablement diminué leurs forces. Arsace, Bactrien de naissance, en profita pour jeter les fondements d'un nouvel empire, dont Ecbatane fut la capitale. Quelques-uns de ses successeurs fixèrent leur cour à Ctésiphon, qui était plus au sud. Cette dynastie est appelée par les écrivains occidentaux, des *Arsacides*, et par les orientaux, *Aschkaniens*.

221. *Fin de la race des Héraclides à Sparte.* On a vu précédemment que cette famille avait établi à Sparte une double royauté. L'histoire de ces princes appartient à celle de toute la Grèce, et particulièrement à celle de Sparte, qui n'en a jamais été séparée. Les deux branches de rois finirent, l'une en la personne de Cléomène, qui se tua, après avoir excité des troubles en Égypte ; l'autre, en la personne d'Agis, mis à mort, en 235, par ordre des magistrats.

206. *Philopémen gagne la bataille de Mantinée.* Machanidas avait usurpé l'autorité à Sparte ; il marcha contre les Arcadiens. Philopémen se trouvait à la tête de la confédération appelée *Ligue des Achéens*, et qui avait pour objet de maintenir la liberté du pays. Il battit les Lacédémoniens, et gagna ainsi la deuxième bataille de Mantinée, dans laquelle il tua Machanidas. Ce grand homme, surnommé le dernier des Grecs, après avoir plusieurs fois ensuite défait Nabys, autre tyran de Sparte, fut fait prisonnier et mis à mort à l'âge de soixante-dix ans. On lui éleva une statue à Tégée, ville peu éloignée du lieu du combat.

2e SIÈCLE.

170. *Antiochus prend Jérusalem et pille le temple.*

166. *Paul-Émile réduit la Macédoine en province romaine.*

162. *Mort de Judas Macchabée qui succomba dans une bataille contre le général de Démétrius.*

148. *La Macédoine réduite en province romaine.* Depuis la mort d'Alexandre, les rois de Macédoine, ses successeurs, n'avaient cessé d'employer la force des armes et la politique, pour l'accomplissement du projet d'asservir la Grèce. Pour leur résister avec plus de succès, les Achéens, y compris les habitants de Sicyone, formèrent la *Ligue* dont je viens de parler, et lui donnèrent une nouvelle extension.

Pour s'opposer au roi de Macédoine, qui était leur ennemi le plus à craindre, les Grecs firent la faute irréparable d'appeler à leur secours les Romains. Ceux-ci, plus par politique que par bienveillance, s'empressèrent de répondre à l'invitation des Grecs ; ils passèrent en Macédoine, y battirent Philippe V, puis après lui son fils Persée, qu'ils emmenèrent prisonnier à Rome, en 167. Ils réduisirent la Macédoine *en province romaine*, l'an 148.

146. *Fin de la Ligue des Achéens.* Mais la Ligue des Achéens vit bientôt ce qu'elle avait à craindre de ses défenseurs. Leur protection apparente n'était au fond qu'un acte de perfidie.

D'abord les Romains flattèrent les Grecs des plus belles espérances ; puis ils les fatiguèrent par les lenteurs qu'ils mettaient à répondre aux sollicitations de la Ligue ; enfin, lorsque l'indignation fut à son comble, l'amour de la liberté fit reprendre les armes aux Grecs : c'est ce qu'attendaient les Romains. Se déclarant offensés de la conduite des Grecs, ils envoyèrent contre eux une armée qui les battit, et mit fin à la Ligue des Achéens, l'an 146. Le consul Mummius prit et brûla la ville de Corinthe, dont il emporta à Rome tout ce qu'il put de richesses, et principalement les tableaux et les statues.

146. *Prise de Carthage.* Dans le même temps, Scipion, dont j'ai parlé plus haut, prenait Carthage, et par la destruction de cette ville, mettait fin à la troisième guerre punique. Un décret du sénat défendit, sous peine de mort, de jamais la rebâtir. Cependant ce décret fut rapporté, et Carthage commença à sortir de ses ruines au temps de Jules-César. Cette ville nouvelle devint même assez florissante, et subsista jusqu'au temps des Arabes, qui la détruisirent entièrement, au point qu'à peine on en voit quelques pierres.

106. *Aristobule, roi des Juifs.* Depuis le retour de la captivité, les Juifs avaient été gouvernés par dix chefs, qui étaient ordinairement les mêmes que leurs pontifes : il y en eut *onze.* Lors de son passage par Jérusalem, Alexandre les avait bien traités ; mais plusieurs rois de Syrie, dans la suite, les persécutèrent. Ils ne commencèrent à avoir des rois que lorsque Aristobule, prince asmonéen, y fut monté sur le trône.

1er SIÈCLE.

Presque tous les événements principaux de ce siècle appartiennent à l'histoire romaine.

En **86,** Sylla prit Athènes et s'y comporta en barbare.

En **65,** les Romains réduisirent la Syrie en province romaine.

En 63, mort du fameux Mithridate Eupator, roi de Pont.

En 61, César, qui s'était fait attribuer le département de la Gaule et de l'Illyrie, passa dans la Gaule, dont il fit la conquête. Cette époque fut celle où trois Romains puissants se partagèrent entre eux l'autorité, c'étaient César, Pompée et Crassus; c'est ce que l'on nomme le premier *triumvirat* (ou réunion de trois hommes.)

En 58, César revint en Italie, et, sortant de son département, il passa le *Rubicon*, qui en bornait de ce côté la limite; entra, contre les lois, avec son armée, dans le département où commandait Pompée, et marcha sur Rome pour y prendre toute l'autorité. Pompée, fuyant, passe en Grèce; César l'y suivit et le battit en Thessalie dans la plaine de Pharsale.

En 45, César, de retour à Rome, s'y fit nommer dictateur perpétuel. Mais il fut assassiné en plein sénat, n'ayant encore que cinquante-six ans.

37. *Hérode, roi des Juifs.* Hérode, Iduméen de nation, parvint, avec la protection des Romains, à se faire nommer roi des Juifs.

31. *Octave, empereur des Romains.* Immédiatement après la mort de César, il s'était formé un second *triumvirat* entre Octave, Antoine et Lépidus. Le premier, fils adoptif de César, et non moins ambitieux, parvint à se débarrasser de ses collègues, et à se faire reconnaître empereur. Devenu maître de l'empire, il réussit en quelque sorte à faire oublier,

par une conduite sage et modérée, les horreurs dont il avait été complice pendant le *triumvirat*. On lui donna le surnom d'*Auguste*, qui servit ensuite à désigner ses successeurs.

C'est à cette époque que finit ordinairement la série des siècles compris dans l'histoire ancienne.

TABLEAU CHRONOLOGIQUE

DES

PRINCIPAUX FAITS DE L'HISTOIRE

DEPUIS L'ÈRE VULGAIRE

1er SIÈCLE.

Ans.

14. TIBÈRE, deuxième empereur romain.
70. Prise de Jérusalem par Titus.
79. Première éruption connue du Vésuve.
90. TRAJAN, empereur.

2e SIÈCLE.

117. ADRIEN, empereur.
133. ANTONIN, empereur.
161. MARC-AURÈLE.

3e SIÈCLE.

223. Nouvel empire des Perses.

4e SIÈCLE.

306. CONSTANTIN.
325. Concile de Nicée.
330. Constantin se fixe à Constantinople.
396. Partage de l'empire.

5e SIÈCLE.

409. Vandales, Suèves, Alains en Espagne.
420. PHARAMOND, roi de France.

Ans.

455. Les Bretons forment un royaume.
475. Augustule, dernier empereur d'Occident.
481. Clovis, roi de France.
493. Théodoric, roi des Goths.

6e siècle.

531. Vers à soie apportés des Indes.
553. Narsès met fin à l'empire des Goths.
568. Les Lombards en Italie.

7e siècle.

610. Héraclius, empereur d'Orient.
622. Mahomet. Hégire.
640. Conquête de l'Egypte par les Arabes.
697. Paul Anafesto, premier doge de Venise.

8e siècle.

714. Bataille de Xerès en Espagne.
718. Pélasge se retire dans les Asturies
750. Califes Abassides.
752. Pépin, premier roi de la deuxième race, dite des Carlovingiens.
780. L'impératrice Irène.
800. Charlemagne, empereur.

9e siècle.

841. Bataille de Fontenay.
842. Piast, en Pologne.
879. Royaume de Bourgogne cisjurane.
888. Royaume de Bourgogne transjurane.
890. Borziwoy, en Bohême.

10e siècle.

908. Fathimites en Egypte.
912. Les Normands dans le royaume de Neustrie.
987. Les Capétiens en France.
998. Ghazenévides aux Indes.

11e SIÈCLE.

1027. L'Helvétie incorporée à l'Empire.
1028. Usage des sept notes de musique.
1031. Henri Ier, roi de France.
1037. Seldjioucides en Perse.
1043. Guillaume Bras-de-Fer à Naples.
1061. Philippe Ier, roi de France.
1066. Guillaume, duc de Normandie, en **Angleterre.**
1076. Grande puissance des papes, Grégoire VII. — Comtesse Mathilde.
1094. Henri de Bourgogne, roi de Portugal.
1095. Première croisade, sous Philippe Ier.
1099. Royaume de Jérusalem.

12e SIÈCLE.

1108. Louis VI, dit le Gros.
1137. Louis VII, dit le Jeune.
1145. Seconde croisade, sous Louis le Jeune.
1150. Eric, en Suède.
1150. Henri Plantagenet, roi d'Angleterre.
1171. Ayoubites en Egypte.
1180. Philippe-Auguste, roi de France.
1180. Troisième croisade.
1197. Kowaresmiens, en Perse.

13e SIÈCLE.

1205. Quatrième croisade.
1205. Grande Charte en Angleterre.
1206. Gingiz-Khan.
1223. Louis VIII, dit le Lion, roi de France.
1224. Gingiz-Khan, en Syrie.
1226. Louis IX, dit le Saint.
1245. Cinquième croisade.
1257. Les Torriani à Milan.
1260. Mameloucks en Égypte.
1269. Sixième croisade.

Ans.

1270. Philippe III, dit le Hardi.
1280. Mongols à la Chine.
1282. Vêpres siciliennes.
1284. Philippe IV, dit le Bel, roi de France.
1295. Matthieu Visconti, à Milan.
1296. Les Ottomans dans l'Anatolie.

14e siècle.

1302. Découvertes. Boussole, lunettes d'approche, etc.
1308. Confédération helvétique.
1314. Louis X, dit le Hutin, roi de France.
1316. Jean 1er, roi de France.
1316. Philippe V, dit le Long, roi de France.
1322. Charles IV, dit le Bel, roi de France.
1328. Philippe VI, dit de Valois, roi de France.
1328. Louis de Gonzague, à Mantoue.
1336. Tamerlan.
1340. Poudre à canon.
1350. Jean II, dit le Bon, roi de France.
1358. La Jacquerie.
1364. Charles V, dit le Sage, roi de France.
1368. Vingt-unième famille impériale à la Chine.
1380. Charles VI, dit le Bien-Aimé, roi de France.

15e siècle.

1402. Bataille d'Ancyre.
1422. Charles VII, le Victorieux, roi de France.
1451. Mahomet II.
1453. Prise de Constantinople.
1461. Louis XI, roi de France.
1474. Réunion des royaumes d'Aragon et de Castille.
1483. Charles VIII, roi de France.
1485. Henri VII, roi d'Angleterre.
1492. Les Maures chassés de l'Espagne.
1492. Découverte de l'Amérique.
1498. Louis XII, dit le Père du peuple, roi de France.

Ans.

16e SIÈCLE.

1501. Schah-Ismaël-Séfié, en Perse.
1515. FRANÇOIS Ier, roi de France.
1516. Babor, aux Indes.
1517. Réforme de Luther.
1517. Conquête de l'Egypte par Sélim Ier.
1519. CHARLES-QUINT, empereur.
1519. Premier Voyage autour du monde.
1523. Gustave Vasa, en Suède.
1531. ALEXANDRE de Médicis, premier duc en Toscane.
1547. HENRI II, roi de France.
1556. AKBAR, grand-mogol.
1559. FRANÇOIS II, roi de France.
1560. CHARLES IX, roi de France.
1574. HENRI III, roi de France.
1576. Commencement de la Ligue catholique en France.
1579. République des sept Provinces-Unies.
1585. Daïri et Coubo, au Japon.
1589. SCHAH-ABBAS, le Grand.
1589. HENRI IV, roi de France.

17e SIÈCLE.

1603. JACQUES Ier, roi d'Angleterre.
1610. LOUIS XIII, dit le Juste, roi de France.
1626. Baromètre inventé par Torricelli.
1627. Thermomètre inventé par Drébellius.
1643. LOUIS XIV, dit le Grand.
1645. Empereurs mantchoux en Chine.
1648. Paix de Westphalie.
1665. AURENG-ZEB, aux Indes.
1689. GUILLAUME III, roi d'Angleterre.
1696. PIERRE LE GRAND, en Russie.
1700. Avénement de la maison de Bourbon au trône d'Espagne.

18e SIÈCLE.

1701. FRÉDÉRIC Ier, roi de Prusse.

1714. GEORGES Ier, roi d'Angleterre.
1715. Louis XV, roi de France.
1717. GEORGES II, roi d'Angleterre.
1717. THAMAS KOULI-KAN, en Perse.
1737. Maison de Lorraine en Toscane.
1760. GEORGES III, roi d'Angleterre.
1774. Louis XVI, roi de France.
1789. États généraux. Révolution.
1790. Fédération des Français.
1791. Louis XVI accepte la constitution. Congrès de Pilnitz.
1792. Journée du 10 août. Convention nationale. Guerre
       d'Autriche.
1792. Le 21 septembre, République française.
1793. Mort de Louis XVI. Coalition contre la France.
       Bonaparte au siége de Toulon.
1794. Règne de la terreur. Révolution en Pologne.
1795. Directoire exécutif. Dernier partage de la Pologne.
1796. Immortelle campagne d'Italie.
1797. Paix de Campo-Formio.
1798. Conquête de l'Égypte par les Français.
1799. Fin du Directoire. Le Consulat.
1800. Batailles de Marengo et de Hohenlinden.

19e SIÈCLE.

1801. Traité de Lunéville. Mort de Paul Ier.
1801. Évacuation de l'Égypte par les Français.
1802. Paix d'Amiens. Expédition de Saint-Domingue.
1804. Napoléon, empereur, sacré par Pie VII.
1805. Batailles d'Austerlitz et de Trafalgar.
1806. Campagne de Prusse.
1807. Paix de Tilsit.
1808. Campagne d'Espagne. Joseph Bonaparte roi.
1809. Campagne de Wagram. Traité de Vienne.
1810. Napoléon épouse Marie-Louise, archiduchesse
       d'Autriche.
1811. Naissance du roi de Rome. Comète.

Ans.

1812. Campagne de Russie. Destruction de l'armée française.

1813. Campagne de Saxe. Coalition contre la France.

1814. Invasion de la France par les troupes coalisées. Napoléon abdique. La famille des Bourbons rentre en France.

1815. Napoléon quitte l'île d'Elbe. Bataille de Waterloo. Retour de la famille des Bourbons.

1816. Mariage du duc de Berry.

1817. Guerres des Anglais aux Indes.

1818. Avénement de Bernadotte au trône de Suède.

1819. Révolutions dans l'Amérique du Sud.

1820. Assassinat du duc de Berry. Insurrection en Espagne.

1821. Mort de Napoléon à Sainte-Hélène.

1822. Le Brésil se sépare du Portugal.

1823. Campagne des Français en Espagne. Ferdinand VII rétabli sur le trône.

1824. Mort de Louis XVIII; avénement de Charles X.

1825. La France reconnaît l'indépendance d'Haïti. Mort d'Alexandre, empereur de Russie.

1826. Abdication de don Pedro en faveur de dona Maria. Révolte et massacre des janissaires à Constantinople.

1827. Bataille de Navarin. La flotte turco-égyptienne détruite par les flottes de la France, de l'Angleterre et de la Russie.

1828. Guerre entre la Russie et la Turquie.

1829. Les grandes puissances, par le traité d'Andrinople, arrêtent la marche des Russes sur Constantinople.

1830. Prise d'Alger. Abdication de Charles X.

1830. Le duc d'Orléans monte sur le trône sous le titre de Louis-Philippe Ier, roi des Français.

1830. Séparation de la Belgique et de la Hollande. Soulèvement des Polonais. Troubles en Italie.

1831. Abdication de don Pedro, empereur du Brésil, en faveur de son fils. Siége et prise de Varsovie.

1832. Ravages du choléra-morbus en France. Prise de la Citadelle d'Anvers. Descente de don Pedro en Portugal. Arrestation de la duchesse de Berry.

1833. Succès du pacha d'Égypte contre la Porte. Entrée des Russes à Constantinople, pour porter secours au Grand-Seigneur.

1834. Traité de la quadruple alliance. Mort de don Pedro.

1835. Attentat de Fieschi contre la vie du roi. Expédition en Afrique. Mort de l'empereur François Ier.

1836. Premier chemin de fer en France. Crise monétaire en Angleterre. Mort de Charles X.

1837. Traité de la Tafna. Prise de Constantine. Mort de Guillaume IV, roi d'Angleterre. Découverte de la galvanoplastie.

1838. Naissance du comte de Paris. Guerre de la France avec le Mexique. Couronnement de la reine Victoria.

1839. Les Français franchissent les Portes de fer en Afrique. Guerre entre la Turquie et l'Égypte. Invention du daguerréotype.

1840. Traité de Londres. Prise de Cherchell, en Afrique. Restes mortels de Napoléon rapportés en France. Guerres des Anglais en Chine et en Syrie.

1841. Traité des Détroits entre les grandes puissances de l'Europe. Révolution au Pérou.

1842. Mort du duc d'Orléans. Paix entre l'Angleterre et la Chine. Les Français aux îles Marquises.

1843. Prise de la Smala d'Abd-el-Kader. Acquisition de Mayotte. Révolution à Haïti.

1844. Victoire de l'Isly. Revolution au Mexique. Mort de Bernadotte.

1845. Les Kabyles reprennent les armes. Annexion du Texas à l'Union. Abdication de don Carlos.

1846. Guerre des Anglais aux Indes. Cracovie incorporée à l'Autriche. Découverte de l'éthérisation.

Ans.

1847. Mort de la princesse Adélaïde. Abd-el-Kader se rend prisonnier.

1848. Révolution à Paris. Louis-Napoléon président de la République. Insurrections en Europe.

1849. Le choléra. Prise de Zaatcha. Guerre en Italie. Soulouque empereur à Haïti.

1850. Mort de Louis-Philippe et de la reine des Belges. Guerre des Russes en Circassie.

1851. Evénements du 2 décembre à Paris. Exposition universelle à Londres. Mines d'or en Australie.

1852. Louis-Napoléon proclamé empereur. Prise de Laghouat, en Afrique. Guerre des Anglais dans l'Indo-Chine.

1853. Révolution au Mexique. Guerre entre la Russie et la Turquie. Mort d'Arago.

1854. Guerre de Crimée. Siége de Sébastopol. Assassinat du duc de Parme.

1855. Mort de Nicolas Ier, empereur de Russie. Exposition universelle à Paris. Prise de la tour Malakoff.

1856. Fin de la Guerre de Crimée. Traité de paix. Grandes inondations en France. Révolution à Neufchâtel, en Suisse.

1857. Assassinat de l'archevêque de Paris. Révoltes des Cypayes aux Indes. Conquête de la Grande-Kabylie. Différend entre la Prusse et la Suisse. Prise de Delhi et de Canton.

DÉVELOPPEMENT DES TABLES MODERNES.

1er SIÈCLE.

Dans les pays soumis à l'Église latine, on a depuis longtemps adopté l'opinion que J. C. est venu au monde l'an **31** du règne d'Auguste. Ce point de chronologie, établi par Denys le Petit, est devenu l'époque d'où nous commençons la série des siècles et des années de l'histoire moderne.

A cette époque, presque toute l'Europe connue, les parties occidentales de l'Asie, ainsi que l'Afrique septentrionale obéissaient aux Romains, soumis eux-mêmes à un empereur. Je n'indiquerai que quelques-uns de ces princes, encore n'en dirai-je qu'un mot en passant.

A la mort d'Auguste, l'étendue de l'empire romain avait plus de six cents lieues du nord au sud, et plus de mille de l'ouest à l'est.

14. Tibère, *deuxième empereur romain.* Il était fils de Livie, qu'avait épousée Auguste : ce prince l'avait adopté. Ce fut un empereur méchant et méprisable.

Il eut pour successeur *Caligula,* qui ne valait pas mieux; *Claude,* prince faible et imbécile; *Néron,* célèbre par ses cruautés et ses vices; *Galba,* assassiné par les soldats; *Othon, Vitellius, Vespasien,* doué de belles qualités, mais trop avare.

70. *Prise de Jérusalem.* La Palestine avait été réduite en province romaine; mais les Juifs s'étaient révoltés contre les Romains. Vespasien commença le siége de Jérusalem; Titus, son fils, le continua. Enfin, la ville fut prise, le temple détruit par le feu, et la nation juive dispersée.

79. *Première éruption connue du Vésuve.* Jusqu'alors le Vésuve n'avait paru qu'un volcan depuis longtemps éteint. Cette éruption, qui fut terrible, détruisit, aux environs de Naples, les villes d'Herculanum, de Pompeï et de Stabia. Malheureusement, Pline, le naturaliste, qui se trouvait peu éloigné, ayant voulu, pour juger des différents effets du feu, s'approcher encore plus près, fut étouffé par les cendres enflammées que vomissait le volcan. Titus meurt deux ans après, regretté de tout l'empire. Sa mort fut d'autant mieux sentie qu'il fut remplacé par le féroce *Domitien*; à *Domitien* finit la suite des douze Césars, commençant à Jules César.

90. *Trajan, empereur.* Ce fut un grand prince. Il porta ses armes victorieuses au delà du Danube, conquit les *Dacies*, comprenant les pays connus aujourd'hui sous les noms de Hongrie, Transylvanie, Moldavie, Valachie et Bessarabie. Ce même prince soumit en Orient, au delà de l'Euphrate, la Mésopotamie, l'Assyrie; au nord, l'Arménie, la Colchide et l'Ibérie; mais ces conquêtes furent abandonnées par les successeurs de Trajan, et l'empire rentra dans les limites assignées par Auguste. Sous son règne les chrétiens éprouvèrent une troisième persécution.

2ᵉ SIÈCLE.

Pendant ce siècle, la religion chrétienne, qui, dès le siècle précédent, avait commencé en Syrie, se répandit rapidement dans les différentes parties de l'empire. Quelques empereurs se firent remarquer par des qualités éminentes.

117. ADRIEN, *empereur*. Ce prince fut magnifique et aima les arts. Il eut le tort de persécuter les chrétiens.

133. ANTONIN, *empereur*. Fuyant la gloire des armes, ce prince préféra l'étude et la pratique de la philosophie.

161. MARC-AURÈLE, *empereur*. Ce prince réunissait à un degré éminent les qualités du cœur et de l'esprit.

Il eut pour successeurs *Commode,* dégradé par tous les vices; *Pertinax,* assassiné au bout de trois mois; *Didius-Julien,* qui achète l'empire; *Septime-Sévère,* prince guerrier et conquérant; *Caracalla, Héliogabale,* monstres atroces; *Alexandre-Sévère,* prince vertueux et brave.

3ᵉ SIÈCLE.

223. *Nouvel empire des Perses.* La partie de l'Asie qui se trouvait à l'est de celles que possédaient les Romains, au delà du Tigre, formait l'empire des Parthes. Mais cet empire, souvent attaqué par les Romains, avait perdu la force de sa première constitution. Un Perse, nommé par les Grecs *Artaxerxès*, forma le projet de renouveler l'ancien empire de sa nation. Il attaqua Artaban V, dernier roi des Parthes, le défit et mit fin à cette dynastie. Artaxerxès monta sur le trône, et prit le titre de *grand roi*. Les Orientaux nomment *Sassaniens* cette famille de princes perses.

4e SIÈCLE.

306. CONSTANTIN. L'empire romain était depuis longtemps déchiré par des factions, lorsque Constantin fut proclamé empereur dans la ville de l'Angleterre appelée actuellement *York*. Il était fils de l'empereur Constance *Chlore*. Ce prince embrassa et favorisa beaucoup la religion chrétienne, et abandonna le séjour de Rome.

325. *Concile de Nicée.* Le mot *concile* vient du latin, et signifie assemblée. C'est une assemblée ou réunion de prélats, réunis pour délibérer sur des matières de foi ou de discipline ecclésiastique. Dans le temps dont je parle, l'évêque *Arius* avait avancé des opinions qui n'étaient pas conformes à celles reçues dans l'Église. Il en résultait des disputes scandaleuses. Croyant y mettre fin, Constantin assembla à Nicée une réunion de trois cent dixhuit évêques. On y discuta la doctrine d'*Arius*, qui fut condamnée. Mais ce prélat et ses partisans n'en devinrent que plus opiniâtres. On les persécuta, il en résulta un schisme, dont les sectateurs, devenus puissants à leur tour sous d'autres empereurs, per-

sécutèrent ceux qui les avaient d'abord persé-
cutés.

330. *Constantin se fixe à Constantinople.* L'empire romain était souvent attaqué par les Barbares,
du côté de l'Orient, et déjà quelques empereurs
avaient eu le dessein de transporter de ce côté le
siége de l'empire. Ce qui jusque-là n'avait été que
projeté fut exécuté par Constantin.

Il fixa son séjour à Byzance, qui prit le nom de
Constantinople, et y fut suivi par les gens riches
et par beaucoup de ceux qui voulaient le devenir.
Les personnages attachés à la cour vendirent les
biens qu'ils possédaient en Italie pour en acheter
d'autres dans la Thrace : insensiblement Rome perdit de la considération dont elle avait joui ; mais,
aux yeux des chrétiens, l'évèque de cette ville fut
toujours regardé comme le premier de tous.

Constantin porta un coup funeste à l'empire en
quittant la ville de Rome, ancienne résidence des
empereurs, pour fixer, en **330**, son siége à Byzance.
Voulant pourvoir alors à la sûreté de sa nouvelle
capitale, il établit dans l'Orient l'élite des légions,
dégarnit la frontière du Rhin et du Danube, et dis-
persa, dans les provinces et dans les villes, les
troupes qui campaient auparavant sur les bords
des grands fleuves. C'est ainsi qu'il amena la désor-
ganisation de l'armée, et encouragea les Barbares et
les hordes de la Germanie à renouveler leurs incursions dans les provinces de l'empire.

396. *Partage de l'empire.* L'empire romain avait

déjà vu plusieurs empereurs gouverner en même temps, mais il ne fut définitivement partagé que par l'empereur Théodose. Ce prince, monté sur le trône en 392, s'occupa beaucoup des affaires de la religion, qu'il confondit avec celles de l'empire. Il commit une grande faute en le partageant entre ses deux fils, l'an **395.**

Arcadius eut l'Orient, à partir de l'Illyrie. Cette partie, nommée ensuite *empire d'Orient*, avait pour capitale Constantinople, ayant perdu le nom de Byzance.

Honorius eut l'Occident, à partir des mêmes limites ; ce fut l'empire d'Occident : Rome en resta la capitale. On verra finir cet empire dans le siècle suivant.

Dès lors les forces de l'empire et les intérêts même des empereurs furent séparés.

Ce fut pendant le règne d'Honorius, et sous l'administration de son ministre Stilicon, qu'arriva la grande inondation des Barbares, qui fut suivie de près de la destruction de l'empire d'Occident.

5ᵉ SIÈCLE.

409. *Vandales, Suèves, Alains* en *Espagne.* Les *Vandales* demeuraient originairement dans la partie de la Germanie septentrionale qui s'étend entre l'*Elbe* et la *Vistule* ; ils formaient une branche des anciens Suèves. Sous l'empereur Aurélien, ils s'établirent dans la partie occidentale de la Dacie, c'est-à-dire dans la Transylvanie et partie de la Hongrie actuelle.

Les *Suèves* étaient aussi venus du nord de la Germanie. Plus tard, ils s'étaient établis sur le Danube, à l'orient des *Alemanni*.

Les *Alains* étaient originaires de l'Asie, aux environs du Caucase. Une portion de ce peuple, établie d'abord dans la Sarmatie, aux environs du *Borysthène*, avait poussé jusqu'au Danube, et s'y était rendue redoutable aux Romains.

Ces trois peuples s'étant réunis, entrèrent dans la Gaule à la fin de 406 et au commencement de 407; ils y commirent de grands désordres.

En 409, ils passèrent en Espagne; les Vandales en occupèrent la partie la plus considérable. Les deux autres peuples se placèrent au nord et au nord-ouest.

420. PHARAMOND, *roi de France*. Au temps dont il est question, les Francs étaient moins une nation qu'une nombreuse association d'hommes, formant une espèce d'armée, soumise à un chef. Les uns, ayant quitté les bords de la *Sala*, étaient surnommés Francs-*Saliens*; les autres, habitant près des rives du *Rhin*, étaient surnommés Francs-*Ripuaires* (1). Voulant se réunir dans un même pays, ils se jetèrent à différentes reprises sur les parties septentrionales de la Gaule. Quelques auteurs ont cru pouvoir placer Pharamond à la tête des trois

____

(1) Du mot latin *ripa*, le rivage.

races; cela est presque passé en usage. Cependant, il ne forma pas un établissement stable dans la Gaule. C'est de Mérovée, qui commanda quelque temps après Pharamond, que la première race des rois de France a pris le nom de Mérovingiens. Elle s'éteignit en 752.

455. *Les Bretons forment un royaume en Angleterre, alors appelée Bretagne.* Les Romains, après avoir soumis l'île Britannique, avaient construit une muraille pour garantir leur conquête des incursions des peuples septentrionaux de l'île, appelés *Calédoniens* et *Pictes;* mais lorsque attaqués eux-mêmes dans le centre de l'empire, ils eurent retiré les troupes des frontières, et particulièrement de la Bretagne, cette province se trouva exposée aux attaques des Pictes et des Calédoniens. Vortigern, l'un des chefs du pays, appela à son secours les *Angles,* les *Saxons* et les *Juthes* ou *Goths,* qui depuis assez longtemps, courant les mers en pirates, étaient célèbres et redoutés par leur valeur. Ces pirates vinrent, en effet; mais après avoir fait un traité avec les Pictes, ils s'établirent dans le pays; les Bretons avaient fondé un petit royaume, il dura peu et ne fut pas considérable. Au contraire, les Angles et les Saxons en fondèrent sept qui furent vers la fin réunis en un seul sous Ecbert, roi de Westsex, en 820. Ces sept royaumes sont ce que l'on nomme l'*Heptarchie* anglaise.

475. *Augustule, dernier empereur d'Occident.* Honorius, empereur d'Occident, n'avait aucune des

qualités qui font un grand souverain ; aussi l'empire tomba-t-il dans l'état le plus déplorable. Après quelques règnes peu importants, Romulus, surnommé *Augustule* (ou le petit Auguste), était monté sur le trône ; il y fut attaqué par Odoacre, et détrôné par ce roi des Hérules, en 476. Ce roi barbare n'était pas un prince sans mérite.

401. Clovis, *roi de France.* Les premiers rois des Francs n'avaient guère formé d'établissements que dans les parties septentrionales de la Gaule. Clovis, meilleur guerrier, plus entreprenant, s'avança jusqu'au delà de la Loire, attaqua les Wisigoths, établis entre ce fleuve et la mer, et les vainquit. Ce prince embrassa le christianisme, déjà répandu dans la Gaule, qui, insensiblement, prit le nom de *France.*

493. Théodoric, *roi des Goths.* Les Goths, le plus puissant des peuples destructeurs de l'empire romain, habitaient d'abord la Scandinavie, du moins au rapport de Jornandès, leur historien. Vers l'an 274, l'empereur Aurélien leur abandonna la Dacie romaine ; c'est là qu'ils reçurent la religion chrétienne, et qu'ils se partagèrent en deux branches principales : les *Orientaux* et les *Occidentaux.*

Les Orientaux, ou *Ostrogoths*, demeurèrent vers le Pont-Euxin, entre le *Borysthène* et le *Tanaïs.*

Les Occidentaux, ou *Wisigoths*, occupaient l'ancienne Dacie, et les régions situées entre le *Dniester*, le *Danube* et la *Vistule.* A l'arrivée des Huns, vers l'an 375, la partie des Wisigoths qui ne fut pas subjuguée par ces féroces conquérants se fixa, du consentement des empereurs, dans la Thrace, la Mésie, etc. On trouve aussi que les Ostrogoths eurent des établissements dans la Pannonie.

Quant aux Wisigoths, ils se portèrent d'abord sur l'Italie et sur Rome, qu'ils saccagèrent, en ménageant cependant cette ville. Ils finirent par s'établir dans la Gaule et dans l'Espagne, d'où ils chassèrent les Vandales, puis passèrent en Afrique.

Théodoric, roi des Ostrogoths, avait servi dans les armées de Zénon, empereur d'Orient. Voyant l'Italie au pouvoir des Hérules, il obtint de ce prince la permission d'en faire la conquête. Il gagna successivement sur les Hérules plusieurs batailles, et, après trois ans de siége, prit Odoacre, leur roi, enfermé dans Ravenne. Théodoric, maître de l'Italie, distribua des terres à ses soldats. Il n'avait rien de la barbarie de sa nation, et régna par la sagesse et la justice. Son empire embrassait l'*Italie* et la *Sicile*, la *Rhétie*, la *Vindélicie*, la *Norique*, la *Pannonie* avec une partie de l'*Illyrie*.

Cette monarchie des Goths en Italie ne subsista guère que soixante ans. A la suite d'une guerre de dix-huit ans, elle fut renversée par les Grecs. L'empereur Justinien y employa avec un grand succès les généraux Bélisaire et Narsès.

6ᵉ SIÈCLE.

551. *Œufs de vers à soie apportés des Indes.* La soie, devenue actuellement si commune, était au temps de Justinien, d'une rareté extrême, et d'un prix qui en interdisait l'usage aux fortunes ordinaires.

Deux religieux, qui avaient eu, dans l'Inde, connaissance des vers à soie, et de la manipulation de la soie, crurent donc faire une chose aimable à Justinien en venant lui proposer de faire un nouveau voyage pour y obtenir des œufs de cet insecte. L'empereur fournit aux frais de leurs dépenses, et au bout de deux ans il eut ce qu'il désirait : et il se forma bientôt des manufactures qui mirent la soie en œuvre.

553. *Narsès met fin à l'empire des Goths.* Narsès avait été, dès sa jeunesse, élevé dans le palais de Justinien, dans la classe des esclaves appelés *eunuques*, particulièrement occupés du service domestique des femmes : ayant gagné par ses talents la confiance de l'empereur, il fut d'abord employé dans quelques ambassades, puis placé à la tête des armées. Il succéda, en Italie, au général Bélisaire, qui avait déjà commencé à diminuer la puissance des Goths. Narsès les défit entièrement.

568. *Les Lombards en Italie.* Ce peuple avait eu ses premiers établissements dans le fond de la Germanie. On a dit que, par le nom de *Lombards,* on avait voulu indiquer qu'ils portaient une longue barbe, comme encore aujourd'hui les paysans russes. S'étant avancés vers la Germanie méridionale, ils avaient détruit la puissance des Gépides.

Alboin, leur roi, ayant abandonné aux *Awares*

des terres dont il s'était emparé, s'avança vers l'Italie pour en faire la conquête. On s'y défendit mal, parce que le peuple y était irrité contre Narsès et les Grecs, qui l'accablaient sous le double joug de l'avarice et de la tyrannie.

Les Lombards réussirent dans leur entreprise, et s'établirent dans la haute Italie. Leur capitale, connue d'abord sous le nom de *Ticinum*, puis de *Papia*, l'est actuellement sous celui de Pavie. Cet empire des Lombards, qui s'étendit jusqu'aux parties méridionales de l'Italie, fut détruit par Charlemagne, à la fin du huitième siècle.

7e SIÈCLE.

610. *Héraclius, empereur d'Orient.* Le règne de ce prince est remarquable par les troubles religieux qui l'agitèrent, et surtout par la naissance de Mahomet.

622. *Mahomet.* Cet Arabe, dont le nom est devenu depuis si célèbre, était né à la Mecque, dans la famille appelée des *Coraichites*, particulièrement consacrée à la garde d'une espèce de chambre isolée, que l'on nomme encore *kiabé* et *kiaba*, c'est-à-dire *maison carrée.* Une ancienne opinion religieuse établissait, comme un fait certain, que cette maison avait été celle d'Abraham : une pierre noire, qui s'y voit encore, était tombée exprès du ciel. Malgré ce souvenir d'Abraham et de la religion qu'il professait, le *sabéisme* (ou culte des astres) et l'*idolâtrie* s'étaient introduits chez les Arabes. Mahomet, qui, dans plusieurs voyages en Syrie, avait pris connaissance des religions juive et chrétienne, se persuada que, pour amener une réforme de ce genre, il ne fallait que vouloir fortement. Mais sentant qu'il ne réussirait pas en n'usant que de la persuasion, il n'hésita pas d'y joindre la violence. Après avoir persuadé à sa femme et à ses plus proches parents qu'il avait reçu du ciel une mission particulière, il menaça toujours de son glaive ceux qui ne croiraient pas à sa parole. Les Coraichites, conservateurs de la Maison Carrée, craignant de perdre de leur considération par l'établissement de cette nouvelle doctrine, l'attaquèrent comme fausse, et même firent chasser Mahomet de la ville. D'un simple prédicateur devenu un martyr, Mahomet vit croître la vénération pour lui. En s'enfuyant, il se retira avec ses partisans dans la ville d'*Iatrib*, ancienne rivale du commerce de la Mecque. Il y fut bien accueilli. Par reconnaissance, la ville reçut le glorieux nom de *ville du Prophète* ou *Médina-al-Nabi;* c'est de ce nom, altéré chez nous, que l'on a fait *Médine.*

Cette fuite, en arabe *hégire,* a été consacrée par les Arabes, et depuis par tous les sectateurs de la religion de Mahomet, appelée *islamisme,* c'est-à-dire la foi par excellence. C'est de cette fuite, du premier jour de l'*hégire,* que l'on compte chez eux la date de tous les événements; c'est l'époque fondamentale de leur histoire. Le premier jour de l'hégire répond au vendredi **16** juillet de l'an **622** de notre ère.

640. *Conquête de l'Égypte par les Arabes.* Lorsque Mahomet mourut à Médine, il s'était déjà formé un parti assez considérable. Partout où l'on avait refusé de croire à la prétendue divinité de sa mission, il avait porté le fer et la flamme. Il laissait en mourant un beau champ ouvert à l'ambition. Deux personnages surtout prétendirent à l'honneur de lui succéder, non à titre de *nabi* ou prophètes, mais comme *califes* ou vicaires ; l'un était Abubekre, l'un de ses beaux-pères ; l'autre Ali, son gendre. Le premier l'emporta, et Abubekre fut reconnu calife. Ali fut éloigné, combattit, périt ainsi que ses enfants. Cependant, son parti subsista, et se remontra de temps en temps sous le nom de *Fathimites*, parce qu'Ali avait épousé Fathime, fille de Mahomet.

Après Abubekre les musulmans reconnurent pour calife *Omar*, ignorant et fanatique, dont les troupes soumirent l'Égypte, sous la conduite du général Amrou-Ben-As, qui, par ordre du calife, fit brûler tous les livres de la bibliothèque d'Alexandrie.

697. *Paul Anafesto, premier doge de Venise.* Pour avoir l'origine de Venise, il faut remonter jusqu'à l'an 452. C'est alors qu'Attila, à la tête des Huns, peuples barbares venus d'Asie, se jeta sur les terres situées au nord du golfe Adriatique, et connues sous le nom de *Vénétie*. Les habitants, effrayés, se mirent hors des atteintes des Barbares, en se retirant dans les îles formées à l'embouchure du *Pô*. En réunissant par des ponts celles qui se trouvaient être les plus proches, ils parvinrent à former une assez grande ville de soixante-douze de ces îles. Tel fut le commencement de Venise, qui prit son nom des *Vénètes* ou *Hénètes*, ses premiers habitants. Ils se gouvernèrent d'abord en république, mais sans avoir une forme bien stable de gouvernement. Ensuite ils mirent à la tête de l'État un *duc* ou *doge*. Le premier qui le fut, en 697, fut Paul Anafesto, dit *Paulo Lucio*. Le gouvernement varia dans la suite. Cette république, enrichie par le commerce, joua pendant longtemps un grand rôle dans les affaires poliques de l'Europe; on verra sa destruction dans le dix-neuvième siècle.

8ᵉ SIÈCLE.

714. *Bataille de Xérès, en Espagne.* La conquête de l'Égypte n'avait été chez les Arabes qu'un aiguillon de plus pour leur ambition et leur fanatisme. Ils parcoururent en vainqueurs toute la partie septentrionale de l'Afrique jusqu'aux côtes de l'Océan. De leur côté, les Wisigoths étaient maîtres des parties méridionales de la Gaule et de la plus grande partie de l'Espagne. Il arriva, au temps dont je parle, que Rodrigue, l'un de leurs rois, outragea la fille du comte Julien, qui, ne pouvant pas en tirer une vengeance directe, passa en Afrique. Les Arabes, qu'il engagea à conquérir l'Espagne, saisirent avidement ce projet.

Le calife Valid siégeait alors en Orient; Mousa commandait pour lui en Afrique. Il fit passer le détroit à ses troupes, attaqua les Wisigoths, et gagna sur eux la cé'èbre bataille de Xérès de la Frontera. Cette victoire ouvrit l'entrée du pays aux Arabes, qui l'inondèrent de troupes nombreuses. Ce fut alors qu'ils reçurent le nom de *Maures*, parce qu'ils y arrivaient par la province d'Afrique appelée la *Mauritanie*. L'un des généraux arabes, nommé Tarik, ayant placé une espèce de fort sur la montagne appelé *Calpé* par les anciens, on la nomma, d'après lui, la *montagne de Tarik*, en arabe *Djébel-al-Tarik*, d'où, par corruption, on a fait *Gibraltar;* cette montagne est sur la côte nord du détroit auquel elle donne son nom.

718. *Pélasge se retire dans les montagnes des Asturies.* Les Goths, hors d'état de résister aux Arabes, après avoir disputé le terrain pendant plus d'un an, se soumirent presque généralement ; mais l'un des chefs, appelé Pélasge, se retira, avec une petite quantité de troupes, dans la partie septentrionale de l'Espagne où de hautes montagnes le mirent à l'abri des attaques de la cavalerie des Maures. Ils en sortaient de temps en temps pour attaquer leurs ennemis, et parvinrent, eux et leurs descendants, non-seulement à s'y conserver, mais à la reconquérir.

750. *Califes Abbassides.* Ces califes, qui tiraient leur nom d'Abbas, succédèrent aux *Ommiades*. Ils donnèrent un grand éclat au califat, dont ils avaient fixé le siége à *Bagdad*, bâtie sur le Tigre. A l'extinction des Ommiades, un chef appelé *Abd-Oul-Rhamânn*, prit le titre de calife de l'Occident; il passa de l'Espagne dans la Gaule.

752. *Fin de la race des Mérovingiens. Pépin, premier roi de la deuxième race, dite des* Carlovingiens.

Lorsque Clovis, par ses victoires sur les Wisigoths, eut fixé l'établissement des Francs dans la Gaule, son royaume comprenait non-seulement la Gaule à l'exception du Languedoc, mais aussi la meilleure partie de l'Allemagne, à la réserve de la Saxe et des pays esclavons. Après la mort de ce prince, l'état fut partagé d'abord entre ses fils, puis entre ses petits-fils, la plupart incapables de régner. Il s'était formé deux royaumes principaux :

1° Le royaume d'*Austrasie*, nom qui, comme celui d'Autriche, signifie *oriental*. Il comprenait la partie de la Gaule située entre la *Meuse*, l'*Escaut* et le *Rhin*, ainsi que les provinces germaniques au delà du Rhin, faisant partie de la monarchie française;

2° Le royaume de *Neustrie*, renfermant toute la Gaule occidentale entre la mer, l'*Escaut*, la *Meuse* et la *Loire*, la Bourgogne, l'Aquitaine et la Provence.

Après l'assassinat de Dagobert II, roi d'Austrasie, en **679**, il y eut guerre entre les deux royaumes pour la succession. Pépin d'Héristel, *maire du palais* de Neustrie, fut vainqueur en **687**. Le roi

Thierri III régnait alors en Austrasie : Pépin lui assura le royaume, mais il prit le titre de *duc et prince des Français*, et en conséquence s'empara de l'autorité souveraine. Le roi n'eut que les honneurs dus à son titre. Pépin et sa famille conservèrent cette forme de gouvernement pendant soixante-cinq ans. Ainsi les derniers rois Mérovingiens étaient moins des rois *fainéants* que des rois *dépouillés de tout pouvoir*.

Charles, fils naturel de Pépin, remporta sur les Arabes, entrés en France, les brillantes victoires de Poitiers en 732 et de Narbonne en 737; c'est de son activité dans les combats qu'il fut surnommé *Martel* ou le *Frappeur*; il affermit ainsi son autorité.

Pépin le Petit ou le *Bref*, son fils, réussit à se faire élire roi dans une assemblée générale des Francs convoquée aux environs de Soissons, en 752. Childéric III, dernier roi des Mérovingiens, y fut déposé, puis enfermé dans un cloître; mais, pour donner à son élection quelque chose de plus auguste, Pépin imagina le sacre. Cette cérémonie eut lieu dans la cathédrale de Soissons par saint Boniface, premier archevêque de Mayence.

Cette dynastie nouvelle prit le nom de *Carlovingiens*, d'après le fils de Pepin, appelé en latin *Carolus*. Lorsque ses hautes qualités l'eurent fait surnommer le *Grand* ou *Magnus*, on le désigna par le nom de *Carolus Magnus*, d'où, par corruption, s'est formé CHARLEMAGNE.

780. *L'impératrice Irène.* Je n'ai indiqué le rè-

gne de cette princesse que parce qu'elle a joué un grand rôle dans l'Orient sans que l'on puisse rien conclure à son avantage. Elle persécuta son fils Constantin IV, avec lequel elle régna. Son caractère intolérant la porta à persécuter la secte extravagante des *iconoclastes* ou briseurs d'images.

800. *Charlemagne empereur.* Ce prince, après avoir favorisé les papes et détruit en leur faveur le royaume des Lombards, dont il emmena prisonnier en France Didier le dernier roi, fut couronné empereur à Rome, le jour de Noël de l'an 800.

841. *Bataille de Fontenay en Bourgogne.* Cette bataille célèbre eut lieu entre les fils de Louis le *Débonnaire*, fils de Charlemagne, lequel avait partagé ses États entre eux. Lothaire, qui était l'aîné, fut attaqué par ses deux cadets, Louis *le Germanique* et Charles *le Chauve*. Dans cette bataille périt toute la fleur de l'ancienne noblesse, et Lothaire se sauva en Italie. Par la paix qui se fit ensuite à Verdun, en 843, il fut arrêté que Lothaire conserverait la dignité impériale et le royaume d'Italie; que Louis le *Germanique* aurait la Germanie au delà du Rhin, et que Charles le *Chauve* aurait la partie méridionale de la France et l'Espagne septentrionale.

842. *Piast, en Pologne.* Les Polonais regardent comme le fondateur de leur monarchie *Lech I*, dont les descendants occupèrent le trône pendant trois cents ans. Mais comme ces trois siècles présentent beaucoup d'obscurités, on ne commence guère l'histoire de la Pologne qu'au règne de **Piast**, en 842. Ce fut vers ce temps que les seigneurs polonais, donnant des bornes à l'autorité souveraine, s'érigèrent en *magnats palatins waivodes.*

879. *Origine du royaume de Bourgogne cisjurane* (en deçà du Jura). Boson en fut le premier roi. Charles *le Chauve* avait épousé la sœur de ce prince : il fut sacré à Lyon.

888. *Origine du royaume de Bourgogne transjurane* (au dela du Jura), par Rodolphe, qui se fit couronner à Saint-Maurice, dans le Valais.

Ces deux royaumes furent réunis en un seul vers l'an 950.

890. *Borziwoy, en Bohême.* Les premiers habitants connus de la Bohême furent des Boïens, qui y étaient venus de la Gaule; mais ils furent chassés par les Marcomans, chassés à leur tour par les *Slaves* ou *Sclaves*, peuples venus des environs de la mer Noire. Ce sont là les véritables ancêtres des Bohémiens, qui en ont conservé et perfectionné la langue. *Borziwoy* en fut le premier roi chrétien.

10ᵉ SIÈCLE.

908. *Fathimites, en Égypte.* Mahomet avait marié sa fille à son cousin Ali; celui-ci, à la mort de son beau-père, avait été privé de la plus belle partie de la succession, le califat. Il mourut, et ses deux fils, Haçan et Hucéïn, périrent en voulant défendre leurs droits. Cependant une faction considérable continua à se soutenir, et même s'empara de l'Égypte, en 908. Elle s'y maintint jusqu'en 1172.

912. *Les Normands s'établissent dans le royaume de Neustrie.* Lorsque l'on commença, dans la Gaule, à connaître ces pirates, qui, venus des côtes de la Scandinavie, infestaient celles de la Gaule et de la Bretagne, on les désigna par le nom longtemps redouté de *Normands* ou *hommes du Nord*. Avides de pillage, ils remontaient les rivières, dévastaient les campagnes et saccageaient les villages et les villes. C'est ainsi qu'à différentes reprises, ils remontèrent la *Somme*, la *Seine*, la *Loire* ; vinrent à Rouen, Paris, Sens, etc.

Pour mettre la France à l'abri de leurs incursions, le roi Charles *le Simple*, ne pouvant les combattre leur abandonna la Neustrie, appelée depuis, d'après eux, *Normandie*. Harold, leur chef, banni de son pays pour un meurtre, et plus connu chez nous sous le nom de Rollon, consentit à se faire chrétien ainsi que les brigands qui l'accompagnaient. A cette condition, il reçut la province à titre de duché, et la main de la princesse Gisèle, fille de Charles *le Simple*. Au reste, c'était un homme de tête, qui se rendit recommandable par son amour pour la justice.

Même année, Conrad élu roi de Germanie. Lorsque Charlemagne fut couronné empereur d'Occident, il était souverain de toute la Gaule et de toute la Germanie. Louis *le Débonnaire*, son fils, lui succéda, et fut de même empereur. Mais lui et les princes de sa maison, qui lui succédèrent en Allemagne, n'avaient que le titre de rois de la Germanie. Ces princes carlovingiens, successeurs d'un héros, se montrèrent bien indignes d'un si bel héritage : ils en furent dépouillés.

Après la mort de Louis, dit l'*Enfant,* les seigneurs germains convinrent que la royauté, chez eux, serait élective. Ils la déférèrent d'abord à Othon, duc de Saxe, qui la refusa à cause de son grand âge; mais il leur indiqua Conrad, duc de Franconie, quoique son ennemi particulier, mais parce qu'il lui paraissait le plus digne de leur choix.

A la mort de Conrad, le choix des États tomba sur Henri, dit l'*Oiseleur.* C'est en sa personne que commence la dynastie des rois et empereurs d'Allemagne de la maison de Saxe. Ce fut à la valeur et à la sagesse de Henri I, ainsi qu'à ses institutions civiles et militaires, que l'Allemagne dut sa grandeur. Il s'en montra le vrai restaurateur en domptant les peuples esclavons, et principalement les Hongrois.

Othon, dit le *Grand,* succéda, en 936, à Henri son père ; il ajouta aux conquêtes du règne précédent celle du royaume d'Italie. Ce prince reçut le titre d'empereur et la couronne impériale des mains du pape Jean XII, en 962.

946. *Les Boüides en Perse.* La Perse était soumise aux califes, à peu près depuis l'établissement du califat : ces souverains, placés à la tête de la

religion et de l'État, réunissaient ainsi le pouvoir *spirituel* et l'autorité *despotique*. Mais tous n'apportèrent pas dans ce poste éminent une réunion assez complète de talents ; ils finirent par perdre la plus considérable partie de leurs prérogatives.

Boulaia, se prétendant issu des anciens rois appelés *Sassaniens,* était entré aux services des califes, avec les troupes qu'il commandait. Ses trois fils y servirent avec distinction. Mais ils s'emparèrent insensiblement de toute l'autorité, et finirent par réduire les califes à n'avoir plus que le pouvoir spirituel ; on faisait partout la prière en leur nom, mais ils n'avaient pas un soldat à leurs ordres.

987. *Dynastie des Capétiens en France.* Cette race des rois de France a reçu son nom de Hugues Capet, qui en fut le premier roi. Louis V, dit le *Fainéant,* fut le dernier roi de la dynastie des *Carlovingiens.* Les derniers règnes de cette race furent agités de troubles ; Hugues, d'abord comte de Paris, en profita pour s'emparer de la couronne. Son règne fut assez heureux pour la France. Robert, son fils, couronné du vivant de son père, lui succéda en 996.

998. *Ghaznévides aux Indes.* Un prince mahométan, appelé Mahmoud, gouvernait à l'est de la Perse, le petit État dont Ghazna se trouvait être la capitale. Il était estimé par ses talents militaires et par son zèle pour la religion. Aussi le calife lui avait-il accordé le titre d'*Amad-ed-Daoulet*, c'est-à-dire *soutien de la foi.* Ce petit souverain fit des conquêtes sur les parties occidentales de l'Indostan, et devint le chef d'une dynastie, connue sous le nom de *Ghaznévides.*

11ᵉ SIÈCLE.

1027. *L'Helvétie incorporée à l'Empire.* L'Helvétie, c'est-à-dire la Suisse actuelle, n'avait jamais pu former un État considérable. Elle était partagée en différents *gaw* ou cantons, et se maintenait par la protection des rois de Bourgogne et de France. Sous le règne de Conrad II, le *Salique,* l'Helvétie fut incorporée à l'empire germanique, comme *État libre immédiat.*

1028. *Usage des sept notes de musique.* On avait perdu l'art musical des anciens, et leur manière de *noter* la musique, lorsqu'un Italien, nommé *Gui d'Arezzo*, inventa la gamme, composée de cinq tóns et de deux demi-tons ; comme il en fit l'application sur une hymme latine de l'église, on donna aux notes les noms des syllabes qui commencent les vers de cette strophe.

1031. *Henri Iᵉʳ, roi de France.* Ce prince était fils du roi Robert et petit-fils de Hugues Capet. Il éprouva des chagrins domestiques, suscités par sa mère Constance, veuve de Robert. Il manqua aux principes de l'honneur en s'emparant, contre sa parole, des États de Robert, duc de Normandie, promettant de les conserver à Guillaume, fils de ce prince. C'est celui que l'on a nommé le *Conquérant.*

1037. *Seldjioucides, en Perse.* La dynastie des

Seldjioucides a pris son nom de *Seldjouk*, prince turkoman, qui s'était fait un petit État au dela de la mer Caspienne. Ce chef avait beaucoup d'ambition et quatre fils très-propres à la servir. Ils étendirent leurs conquêtes du côté de la Perse; bientôt ils s'emparèrent de plusieurs pays qui relevaient des Boüides ; ils finirent par leur tout enlever. La puissance des Seldjioucides s'étendit plus que n'avait fait celle des Boüides. Ils formèrent même plusieurs États indépendants les uns des autres. Pendant quelque temps ils furent presque les maîtres de la portion de l'Asie qui s'étend de la Méditerranée à l'Inde.

1043. *Guillaume Bras-de-Fer, à Naples.* L'Italie, conquise successivement par les Hérules, les Goths, les Lombards et les Français, sous Charlemagne, ne laissait pas de reconnaître, au moins dans sa partie méridionale, l'autorité des empereurs grecs. Il était bien rare de voir les papes se ranger du côté des Grecs, parce qu'ils avaient la double prétention de favoriser le penchant des Romains pour l'indépendance et de se faire un petit État dont ils fussent les chefs. Il faut convenir aussi que le gouvernement grec, sous le nom d'*exarque* (1), ne se conduisait pas de manière à faire aimer la puissance qu'il représentait.

Les Napolitains étaient donc disposés sourdement

---

(1) *Exarque* est un mot grec dont le sens est de désigner un magistrat qui participe au pouvoir souverain, c'est à peu près le sens de *vice-roi*.

à la révolte, lorsque l'un d'entre eux, nommé *Mélo*, rencontra dans un pèlerinage, au mont *Garganus*, quarante guerriers normands, avec leur suite, que le zèle religieux conduisait en Palestine. Ceci se passait vers l'an 1016. Mélo leur démontra qu'au lieu d'aller en Asie, ils pourraient faire une conquête plus sûre et moins éloignée en s'emparant, sur les Grecs, de l'Italie méridionale. Ces guerriers se pénétrèrent des vues de Mélo, revinrent secrètement en Normandie, où ils enrôlèrent un nombre considérable de soldats, puis reparurent sur les côtes de l'Italie, en 1017, c'est-à-dire l'année suivante.

D'autres Normands les secondèrent dans cette expédition: le succès répondit à leurs efforts et à leurs espérances. Enfin, après quelques années de combats, Guillaume, surnommé *Bras-de-Fer*, fils de Tancrède de Hauteville, se distingua tellement par ses exploits militaires, qu'en 1042 il fut reconnu *comte de la Pouille*, avec le titre de *capitaine général*. Chacun des autres chefs normands eut aussi sa petite souveraineté. Ils furent protégés par les papes, qui leur abandonnèrent même la conquête, à la condition d'en chasser entièrement les Arabes, que l'on désignait par le nom de *Sarrasins*.

1060. *Philippe Ier, roi de France.* Ce prince n'avait que huit ans à la mort de Henri Ier, son père, auquel il succéda sous la tutelle de Baudoin, comte de Flandre. Un mot injurieux lâché contre Guillaume de Normandie lui attira de la part de ce prince une guerre désastreuse. Le tort qu'il eut de répudier Berthe, sa première femme, dont il avait plusieurs enfans, pour épouser Bertrade de Monfort, qu'il enlevait à Foulques, comte d'Anjou, lui causa de grands désagréments et fait tort à sa mémoire. Ce fut sous son règne qu'eut lieu la première croisade, mais il n'y prit aucune part.

1066. *Guillaume, duc de Normandie, en Angleterre.* Depuis l'établissement des Angles et des Saxons en Angleterre, ce pays avait éprouvé bien des vicissitudes. Les Danois en avaient pendant quelque temps été les maîtres. Enfin Édouard, prince saxon, portait la couronne ; mais, en mourant, il ne statua rien relativement à la succession. Quelques auteurs cependant prétendent qu'il appela au trône un jeune prince dont il avait confié la tutelle à Guillaume, duc de Normandie. La vérité la mieux démontrée, c'est que Harold, prince danois qui se trouvait dans le pays, fut reconnu roi par la noblesse et par le peuple. Sans égard pour le vœu de la nation, Guillaume vint de Normandie avec une flotte et de nombreuses troupes, fit son débarquement et gagna sur le nouveau roi la bataille d'*Hastings*, l'an **1066.** Il fut reconu roi d'Angleterre. C'est surtout depuis l'établissement de cette dynastie normande que l'histoire d'Angleterre commence à être intéressante.

1076. *Grande puissance des papes, à commencer de Grégoire VII. Comtesse Mathilde.* On a vu précédemment que les papes n'étaient d'abord que les premiers entre les évêques. Insensiblement ils étaient devenus les protecteurs de Rome, gouvernée à peu près en république, puis enfin souverains d'un territoire accordé d'abord par Pépin, puis par Charlemagne.

La faiblesse des empereurs d'Allemagne leur présenta plusieurs fois l'occasion d'étendre leur puissance spirituelle ; elle ne fut jamais plus grande que sous le pontificat de Grégoire VII, devenu pape en **1073.**

Mathilde, que l'on a nommée la *grande comtesse,* était fille de Boniface et de Béatrix, qui avaient de grands rapports avec l'empire. Mathilde épousa en premières noces Godefroy le *Bossu,* duc de Lorraine, et succéda à sa mère en Toscane, l'an **1076.** En **1089,** étant devenue veuve, elle épousa *Welphe de Bavière,* avec lequel elle vécut dans la plus grande mésintelligence.

C'est à cette époque que commencèrent les différends entre les empereurs et les papes. Hildebrand, fils d'un charpentier de Soano, en Toscane, occupait alors le siége de Rome, sous le nom de Grégoire VII. L'empereur d'Allemagne Henri III, nommé aussi Henri IV, annonçait de grandes prétentions sur l'Italie ; mais Grégoire lui opposa des prétentions plus grandes encore. Il est le premier pape qui ait voulu déposer un empereur. Mathilde prit la plus grande part à ces querelles, et leva des troupes en faveur du pape. Elle essuya quelques revers ; mais ayant réussi à faire révolter contre son père, Conrad, fils de Henri, elle reprit de nouveaux avantages. Welphe, la voyant livrée à la faction du pape, quitta sa femme, et se retira en Bavière.

Mathilde avait déjà fait un acte, en vertu duquel elle faisait donation de tous ses biens au saint-siége : ce premier acte est de 1077. Sous le pape suivant, Pascal II, elle en fit un second, en 1102, au château de Canosa. Ainsi se passait la vie de cette princesse, qui, vivant éloignée de son mari, ne cessait de prodiguer les marques d'affection aux intérêts des papes ; elle mourut en 1115.

En 1094, *Henri de Bourgogne, roi de Portugal.* On a vu précédemment que les Maures s'étaient emparés de l'Espagne ; ils étaient de même entrés dans la Lusitanie, qui commençait à faire un petit État à part sous le nom de Portugal. Ce nom s'était formé de *Portus-Calle*, petit port à l'embouchure du *Minius* ou Minho.

Alphonse VI, roi de Castille, ayant imploré contre les Maures le secours de Philippe Ier, roi de France, ce prince permit à sa noblesse d'aller faire la guerre en Espagne. Entre les gentilshommes qui marchèrent à cette expédition, se trouva *Henri* de Bourgogne, petit-fils de Robert Ier, duc de cette province. Ses services furent récompensés d'une manière digne d'un parent du roi de France. Alphonse lui donna en mariage Thérèse, sa fille naturelle, et pour dot le pays qu'il venait de conquérir sur les Maures, avec le titre de *comte de Lusitanie*. Ce comté ne renfermait qu'une des provinces du Portugal actuel. Mais Alphonse, fils de Henri, que les Portugais nomment

Henriquez, en lui succédant, reçut le titre de roi, l'an 1112.

1095. *Première croisade, sous le règne de Philippe 1er, roi de France.* Depuis que les Arabes avaient conquis la Syrie, et que tout ce pays, ainsi que la Palestine, était soumis à des musulmans, la religion chrétienne y était détruite. Cependant, comme le *Coran* reconnaît *Jésus* pour un prophète, la ville de Jérusalem, qu'avait habitée ce prophète, était surnommée par eux *El-Qods* ou *la Sainte.* D'ailleurs, ils retiraient un avantage habituel des pèlerinages qu'y faisaient les chrétiens pour visiter les *lieux saints*; car ils les leur faisaient payer. Mais ces droits avaient tout l'odieux d'une extorsion, et l'on se permettait envers les chrétiens des vexations de tous genres.

Aussi ceux des chrétiens occidentaux qui avaient fait ce voyage se plaignaient-ils plus ou moins des maux qu'ils avaient soufferts. L'un d'eux, gentilhomme picard, connu depuis sous le nom de *Pierre l'Ermite*, étant de retour de ce voyage, imagina qu'il pourrait venger tous les pèlerins outragés, en soulevant, pour ainsi dire, l'Occident contre l'Orient. Il ne se proposa pas moins que d'engager tous les souverains de l'Europe à porter la guerre en Asie, pour délivrer la Palestine du joug des mahométans.

Pierre l'Ermite, de retour à Rome, y fit une peinture si vive des maux que souffraient les chrétiens dans la Palestine, que le pape regarda ce projet comme utile à la religion. Partout où Pierre l'Ermite parut, il tint le même langage, et parla avec tant d'énergie, qu'enfin il fut arrêté, dans un concile tenu à Clermont, qu'il serait formé une armée considérable de chrétiens, pour aller en Asie combattre les infidèles. Ce concile fut tenu en 1095, et présidé par le pape Urbain II. Tous, soldats et chefs, devaient porter sur leur habit une croix de drap rouge; c'est de là que s'est formé le nom de *croisade*.

Une grande partie de la noblesse vendit ses biens pour subvenir aux dépenses de ce voyage et à l'entretien des troupes que chacun emmenait avec soi; d'autres les donnèrent à des moines pour avoir droit à leurs prières. Le nombre de ceux qui se portèrent à cette expédition excédait plusieurs millions de combattants, sans y comprendre une multitude de femmes, de filles et d'enfants.

Ces *croisés*, car c'est ainsi qu'on les appelait, se partagèrent en différents corps qui n'eurent pour chefs que des hommes sans habitude de la guerre, tels que Pierre *l'Ermite*, Gauthier *sans argent*, et périrent presque tous en route, ou furent défaits à leur arrivée en Asie. Ceux, au contraire, qui eurent des chefs guerriers, malgré les grandes pertes qu'ils essuyèrent, obtinrent cependant des succès. (*Voyez* l'article suivant.)

1099. *Royaume de Jérusalem.* L'un des principaux chefs de la première *croisade* était Godefroy de Bouillon. Il avait sous ses ordres soixante-dix mille hommes de pied et dix-mille hommes de cavalerie, réunis sous les bannières de différents seigneurs, tous Allemands ou Lorrains. Ce n'était qu'une partie de l'armée.

Après avoir pris *Édesse*, *Ptolémaïs*, etc., on se présenta devant Jérusalem le 7 juin 1099 : elle fut prise après trente-neuf jours de siége. Cette ville fut déclarée capitale d'un nouveau royaume dont la souveraineté fut déférée à Godefroy de Bouillon, qui, en l'acceptant, refusa le titre de roi. Ce prince étendit sa conquête à la suite d'une victoire qu'il remporta cette année sur le soudan d'Égypte, auprès d'Ascalon.

Son frère Baudouin lui succéda, et transmit le trône à son cousin Baudouin du Bourg, dont la postérité régna à Jérusalem jusqu'à la destruction de ce royaume par Saladin, en 1187.

Outre le royaume de Jérusalem, qui comprenait la Palestine avec les villes de Sidon, de Tyr, de Ptolémaïs, les croisés fondèrent eucore plusieurs autres États en Orient, savoir: le *comté d'Édesse*; la *principauté d'Antioche*, jointe au comté de Tripoli, qui échurent à Bohémond et à ses descendants. Ces petites souverainetés furent détruites par les Mamelouks en 1289. Le *royaume de Chypre*, qui fut enlevé aux Grecs par Richard *Cœur-de-lion*, roi d'Angleterre, et cédé en 1191 à Guy de Lusignan, dont la postérité régna en Chypre jusqu'en 1487, où cette île devint le partage de la république de Venise.

12ᵉ SIÈCLE

1108. Louis VI, dit le *Gros*. Ce prince avait été associé à la couronne par son père Philippe Iᵉʳ, dès l'an 1099. Cependant, à la mort de ce prince, il fut de nouveau sacré à Orléans: il avait alors trente ans.

La France était partagée entre de grands vassaux, et le domaine du roi se réduisait à peu de chose. Pour déraciner cet abus, il fit la guerre à plusieurs de ses grands vassaux, et principalement à Henri Ier, roi d'Angleterre, qui possédait de grands biens en France.

1137. Louis VII, dit le *Jeune*. Ce prince n'avait que dix-huit ans à la mort du roi son père. C'est à la fureur et à la barbarie de son siècle, ainsi qu'à l'indiscipline de ses soldats, que l'on reproche l'incendie de l'église de Vitry, où plus de treize cents personnes périrent par les flammes.

1145. *Seconde croisade sous Louis le Jeune.* On avait appris dans l'Occident que les chrétiens établis en Syrie venaient d'être écrasés par le soudan d'Alep; la consternation y fut générale. L'abbé de Cluny, appelé depuis saint Bernard, se chargea de prêcher cette nouvelle *croisade*, et même en promit le succès. Cette seconde expédition fut décidée dans une assemblée tenue exprès à Vézelai, en Bourgogne. L'opinion que l'on avait des qualités éminentes du prédicateur ajouta beaucoup aux promesses renfermées dans ses sermons; et l'empressement pour cette croisade fut tel, que plusieurs villages restèrent absolument dépourvus d'habitants. Dans leur enthousiasme, ces nouveaux *croisés* lui avaient déféré le commandement et la conduite de l'expédition. Sa raison éclaira son zèle : il ne voulut pas se charger d'une si grande responsabilité. Seulement il engagea les riches propriétaires à laisser leurs biens à l'Église, en cas qu'ils vinssent à périr dans cette expédition : ce qui eut lieu pour le plus grand nombre. On regardait ces sortes de donations comme un moyen efficace d'opérer son salut.

Les troupes de cette seconde *croisade* prirent la route de terre. Les Français avaient à leur tête Louis le *Jeune*, qui, contre les conseils de son ministre, l'abbé Suger, s'éloignait ainsi de ses États, pour expier le massacre de Vitry. L'empereur Conrad III conduisait une armée nombreuse d'Allemands, qui fut détruite par les Grecs, auxquels elle parut à craindre pour leur propre pays. Les Français, parvenus dans l'Asie Mineure, n'y furent pas mieux traités. Ils attaquèrent les Seldjioucides, qui les battirent. Enfin l'empereur et le roi ne revinrent dans leurs États qu'après avoir perdu presque toutes leurs troupes. A ce malheur public se joignirent pour Louis des chagrins domestiques. Il crut avoir à se plaindre de la fidélité de la reine Éléonore, et la répudia à son retour.

1150. *Éric en Suède.* Ce règne d'Éric est remarquable en Suède, non-seulement parce que ce prince régna sur les *Suédois* et les *Goths* du consentement des deux nations, mais aussi parce que ce fut lui qui introduisit en Suède la religion chrétienne. Il se fit aimer par sa sagesse et ses autres vertus; cependant il fut assassiné.

1150. *Henri Plantagenet, roi d'Angleterre.* Ce prince était Français par son père, Geoffroy *Planta-genet,* comte d'Anjou, qui avait épousé Mathilde, fille de Henri Ier, dit *Beauclerc,* second fils de Guillaume le Conquérant. Henri II, leur fils, déjà comte d'Anjou et du Maine par son père, acquit par son mariage encore de plus grands biens en France. Louis VII, à son retour de l'Orient, avait répudié la reine Éléonore contre l'avis de l'abbé Suger. Elle était fille du duc de Guyenne. En la répudiant, il fallut lui rendre la *Guyenne* et le *Poitou*. Cette princesse, en se remariant à Henri *Plantagenet*, lui porta en mariage ces deux provinces. Mais Henri devint roi d'Angleterre en **1158**. Dès lors le roi d'Angleterre eut de grandes propriétés en France : ce qui fut un premier germe de guerres bien désastreuses.

1171. *Ayoubites, en Égypte.* Par *Ayoubites* ou *Aïoubites*, on entend les descendants d'Aïoub, c'est-à-dire Job, qui fut le père de Saladin. Ce prince fut le premier de cette dynastie, et fut un très-grand prince. Turcoman de nation, il se mit à la tête d'une troupe considérable, et s'empara de l'Égypte, qu'il enleva aux Fathimites. A cette première conquête, il ajouta celle de la Syrie et de la Palestine. Ce fut ce prince qui détruisit, en **1187**, le royaume de Jérusalem, événement qui donna lieu à la troisième croisade.

1180. Philippe-Auguste, *roi de France.* Il embellit Paris de plusieurs monuments, et, le premier, en fit paver les rues. Mais on lui reproche sa conduite à l'égard des Juifs, qu'il dépouilla de leurs biens, et le malheur de la troisième croisade. Il gagna la célèbre bataille de *Bouvines*, contre l'empereur et ses alliés.

1180. *Troisième croisade. Noradin*, sultan d'Alep, venait de se rendre puissant en Syrie ; il avait soumis Édesse, Damas, et même la principauté d'Antioche. Ces premiers succès en faisaient craindre, aux chrétiens de la Syrie, d'autres plus rapides encore : ils étaient menacés de perdre toutes leurs conquêtes. Au lieu de renoncer pour une bonne fois à des possessions dont la jouissance si précaire était si difficile à conserver, ils eurent de nouveau recours aux princes de l'Europe, et implorèrent le secours d'une nouvelle *croisade*.

Philippe-Auguste, qui n'avait alors que dix-huit ans, se contenta d'abord de donner un peu d'argent et quelques troupes. Mais bientôt il se décida pour le voyage, ainsi que Richard, roi d'Angleterre. L'empereur Frédéric *Barberousse* les avait devancés. Après plusieurs succès, ce dernier prince eut le malheur de se noyer dans le fleuve que les anciens nommaient *Cydnus*, fleuve dont la fraîcheur avait été si funeste à Alexandre.

La mesintelligence entre Philippe et Richard nuisit au succès de l'entreprise. Lusignan avait été détrôné par Saladin. Philippe voulait que l'on mît en sa place Conrad, marquis de Montferrat : Richard, au contraire, voulait que l'on remît Lusignan sur le trône. On perdit de vue le principal objet de la croisade. Les deux rois se brouillèrent. Philippe quitta la Palestine, et revint dans ses États. Richard Cœur-de-lion y demeura, et fit des prodiges de valeur ; mais, à son retour, il fut pendant quelque temps retenu prisonnier en Allemagne. Ainsi les chrétiens de l'Occident, après une grande perte d'hommes et d'argent, n'avaient pas procuré de grands avantages à ceux de l'Orient.

N. B. — On observe que, dans cette croisade, les Français portaient sur leurs habits une croix *rouge*, et les Anglais une croix *blanche*.

1197. *Kowaresmiens, en Perse.* On ne sait pas le premier nom des princes de cette dynastie, qui commença à être connue entre le fleuve *Gihon et Sihon.* Ce fut après leurs premiers succès qu'ils prirent le nom de *Kowaresmiens,* qui flattait leur orgueil : il signifie *victoire facile.* Ils parurent vers l'an 1190 ; mais ce ne fut qu'en 1197 qu'ils se rendirent maîtres de la Perse, où déjà ils avaient quelques propriétés.

Les princes Seldjioucides, au service desquels ils avaient été employés à la guerre, leur avaient assigné des terres pour récompense ; mais oubliant les bienfaits des Seldjioucides, ils s'occupèrent des moyens d'envahir leur puissance ; ils y réussirent. La Perse entière ne connut plus que la souveraineté des Kowaresmiens.

13ᵉ SIÈCLE.

1205. *Quatrième croisade.* Baudouin Iᵉʳ, *empereur de Constantinople.* Les désastres des chrétiens établis en Syrie continuaient d'alarmer les souverains de l'Occident sans les éclairer sur l'impossibilité d'en détruire la cause, non plus que sur les malheurs inséparables de ces sortes d'expéditions. On en eut une nouvelle preuve lorsque Foulques, curé de Neuilly, poussé par un zèle fanatique, eut entrepris de prêcher une croisade. Il se transporta dans un tournoi où s'était rassemblée la noblesse, et réussit à l'enflammer d'un nouveau délire.

Les *croisés* partirent donc pour Venise, où l'on devait s'embarquer. Quoique cette réunion fût moins considérable que les précédentes, on y comptait cependant quatre mille cinq cents chevaliers et vingt mille écuyers, avec deux mille hommes de pied. Les Vénitiens fournirent cinq cents nobles commandés par le doge *Dandolo*, âgé de quatre-vingts ans. Le marquis de Montferrat, chef de l'entreprise, à la place du comte de Champagne, mort en **1201**, augmenta considérablement l'armée, à laquelle s'étaient joints plusieurs seigneurs italiens.

Ce qu'il est indispensable de remarquer en passant, c'est que ces guerriers, qui s'étaient croisés pour aller en Terre-Sainte, perdant en quelque sorte de vue cette première destination, se dirigèrent sur Constantinople. A la vérité, ils y étaient appelés par les sollicitations d'Alexis *le Jeune*, fils d'Isaac *l'Ange*, et détrôné par son frère Alexis III. Après quelques tentatives pour calmer les différends qui divisaient la famille impériale, les *croisés* s'emparèrent de Constantinople, et dans un conseil de six Français et de six Vénitiens, choisirent pour empereur, en **1204**, Baudouin, comte de Flandre. Mais on diminua beaucoup l'étendue de l'État qui devait former son empire. Il ne lui resta guère que l'ancienne *Mésie* et la *Thrace*.

1205. *Grande charte, en Angleterre.* Le roi Jean, que les Anglais ont surnommé *Lack-Land* ou *Sans-Terre*, était monté sur le trône d'Angleterre : on eut beaucoup à se plaindre de sa conduite. Les barons en profitèrent pour lui faire signer une *charte*, ou acte constitutionnel, qui favorisait leur caste. La ville de Londres, qui s'était rangée de leur parti, en profita ; car, par cet acte, le roi renouvela, à cette ville et à toutes les villes et bourgs du royaume, leurs anciennes libertés et franchises, et le droit de ne jamais être taxés que de l'avis et du consentement du conseil des communes. Cet acte assure de plus la liberté et la vie des citoyens.

1206. *Ginghiz-Khan.* Ce conquérant, dont le nom est célèbre dans l'histoire, était né au milieu des peuples que l'on nomme *Mogols*, et plus exactement *Mongols*. Ce peuple s'étendait, en Asie, depuis le désert de Cobi jusqu'au petit Thibet. Les Mongols étaient pasteurs et vivaient sous des tentes ; ils paraissaient avoir été confondus avec les *Tartares*. Ceux dont je parle ne formaient pas une horde considérable : elle était soumise aux *Kitans*, empereurs d'une partie de la Chine, connue alors en Occident sous le nom de *Katai*.

On rapporte que Yésoukai, père de Ginghiz-Khan, lui avait d'abord donné celui de *Temougin*, prince tatare, qu'il venait de vaincre. Ce jeune Temougin fut élevé dans l'habitude des exercices militaires, et s'y distingua tellement lorsqu'il eut succédé à son père, que son armée lui déféra le titre de *Ginghiz-Khan*, c'est-à-dire roi des rois. S'étant formé une armée formidable, il tourna ses armes contre les *Kitans* ou *Kin*, et s'empara sur eux d'une partie de la Chine.

N. B. On croit que ce fut vers ce temps que parurent au Pérou *Manco-Capac* et *Mamma*, sa femme, personnages dont on ne connaît pas l'origine, et qui se disaient enfants du soleil. Ce qui est très-sûr et très-remarquable, c'est que, lors de la conquête du Pérou par les Espagnols, il y avait déjà quelques siècles que cette partie de l'Amérique était policée, tandis qu'autour du royaume tout était dans l'état le plus sauvage. Cette famille de souverains portait le nom d'*Incas*.

1223. Louis VIII, dit le *Lion, roi de France*. Ce prince parvint au trône à l'âge de trente-six ans. On lui reproche la guerre qu'il fit aux Albigeois. Sous prétexte de religion, de concert avec le pape, il envahit les États du comte de Toulouse, Raymond. Cette guerre a pris, chez quelques historiens, le nom de *croisade*.

1224. *Ginghiz-Khan, en Syrie*. Après ses victoires dans l'Asie orientale, Ginghiz-Khan tourna ses armes du côté de l'Occident, et vint jusqu'en Syrie. Sa mort arrêta la rapidité de ses conquêtes. Il laissa quatre fils, qui partagèrent entre eux les États de leur père. Mais onze mois après ce partage, *Oktai*, qui, pendant la vie de ce prince, avait eu le département des finances, fut nommé *grand khan* dans une assemblée générale de la nation.

1226. Louis IX, ou *saint Louis*, doué d'un excellent esprit, avait des principes sages de gouvernement. Ce prince, quoique doué d'une piété profonde, vit qu'on abusait de la puissance ecclésiastique, et il eut la force de s'y opposer en la respectant. Il fit saisir le temporel de quelques évêques, pour les punir des censures et des interdits qu'ils rendaient par esprit d'intérêt. Après avoir battu les Anglais à Taillebourg, il se livra tranquillement aux soins de son royaume : son règlement sur les fiefs fut un des plus importants.

1245. *Cinquième croisade.* Malheureusement Louis IX fit serment, dans une maladie violente, d'aller en Terre-Sainte : l'accomplissement de ce vœu rouvrit les plaies du royaume ; il s'embarqua à Aigues-Mortes, débarqua en Chypre, y séjourna quelque temps, puis en repartit pour l'Égypte, et prit terre à *Damiette*. Les ennemis se défendirent bien, et firent le roi prisonnier. Il en coûta, pour la rançon de ce prince, à peu près **33** millions ; peut-être même Louis IX ne fût-il jamais revenu en Europe, si les maîtres du pays eussent été d'accord.

Passés en Syrie, les Français y firent des exploits inutiles, puis se rembarquèrent à Saint-Jean-d'Acre pour revenir en France : ils abordèrent aux îles d'Hyères.

1257. *Les Torriani à Milan.* La ville de Milan était la capitale d'un duché qui, depuis la destruction du royaume des Lombards, avait été souvent exposé aux attaques des Empereurs d'Allemagne. Mais dès que les Milanais entrevoyaient une lueur de liberté, ils s'y livraient avec transport; surtout ils ne craignaient rien tant que de subir le joug d'un prince étranger. A la faveur des troubles qui agitaient presque continuellement la ville, un certain *Martin della Torre* parvint à s'emparer du pouvoir, qu'il transmit à sa famille. C'est par lui qu'en **1237** commence le règne des *Torriani*, auxquels succédèrent les *Visconti*.

1260. *Mamlouks en Égypte.* Quoique le nom de *Mamlouks* signifie *esclaves guerriers*, il n'en a pas moins été porté par une dynastie de souverains en Égypte. On a vu précédemment dans ce pays la dynastie des *Aïoubites*, qui commence à *Saladin*. L'un de ses successeurs, *Nedjedin*, voulant avoir particulièrement une milice pour sa garde, fit acheter un grand nombre d'enfants en bas âge, enlevés en différentes provinces de l'Asie, musulmans, grecs ou chrétiens. Il les faisait élever dans sa religion, et dresser aux exercices militaires. Enfin, il en fit un corps de milice considérable sous le nom de *Mamlouks*. C'était cette même milice qui, devenue nombreuse, se soulevait contre ses maîtres, lorsque Louis IX se présenta en Égypte. Cette circonstance fut favorable au roi vaincu; les rebelles préférèrent l'argent à l'avantage de mettre son armée hors d'état d'agir en le retenant prisonnier.

Vainqueurs des Aïoubites, les Mamlouks formèrent une dynastie à peu près élective; car, par leur
constitution, ils ne se mariaient pas, se recrutaient
par des achats de nouveaux esclaves, qui étaient
avancés par leurs maîtres dans les grades militaires,
finissant par leur succéder dans leurs places. Cette
dynastie fut vaincue, en 1517, par le sultan Sélim Ier.

1269. *Sixième croisade.* Malgré les revers qu'avait éprouvés Louis IX, tant en Égypte qu'en Syrie,
il n'en forma pas moins le projet de passer en
Afrique avec une armée, pour attaquer le roi de
Tunis. Ce dessein était si évidemment pernicieux,
que Joinville assure qu'on taxait de péché mortel
ceux qui l'inspirèrent au bon roi. Mais Louis s'abandonnait à l'enthousiasme : il s'embarqua après
de grands préparatifs. On peut croire, avec assez de
vraisemblance, que saint Louis cherchait à occuper
le roi de Tunis dans ses propres États, pour l'empêcher de se mêler des affaires de Naples, où
Charles Ier, frère de Louis, venait d'accepter la couronne de la main du pape Urbain, qui s'était arrogé le droit d'en disposer.

La traversée de France en Afrique fut assez heureuse : on y prit possession du pays au nom de
Jésus-Christ et du roi de France. Mais la chaleur
du climat fit bientôt éprouver sa funeste influence;
la peste se mit dans l'armée, et le roi lui-même en
périt victime. Cependant Charles, roi de Naples,
envoyait du secours; on s'en servit pour forcer le

roi de Tunis à demander la paix. Ce qui restait de l'armée revint en France, remportant le corps du feu roi, qui fut enterré à Saint-Denis.

N. B. 1° On doit rapporter aux croisades l'origine des *armoiries* et du *blason*, parce que les vassaux qui accompagnaient leur suzerain, pour en être reconnus, et pour se reconnaître entre eux, adoptèrent des marques distinctives qu'ils portaient sur leurs armes. Les seigneurs s'en firent ensuite des titres d'honneur et de distinction.

2° C'est aussi vers ce temps que commencèrent les tournois, ou jeux militaires, qui accoutumaient la noblesse aux exercices violents, dont la pratique était indispensable à la guerre, avant la découverte de la poudre à canon.

3° L'institution des ordres religieux militaires en fut également une suite. Les plus célèbres de ces ordres furent : 1° celui de *Saint-Jean-de-Jérusalem*, appelé depuis *l'ordre de Malte*; 2° celui des *Templiers*, qui avaient reçu leur nom de ce que leur première habitation était près du temple de Jérusalem; 3° l'ordre *Teutonique*, ou allemand, qui donnait ses soins aux pauvres pèlerins venus de l'Allemagne; 4° celui de *Saint-Lazare*, consacré particulièrement à la santé des lépreux.

1270. PHILIPPE III, *le Hardi.* Ce prince, qui avait été emmené en Afrique par son père Louis IX, lui succéda à l'âge de vingt-cinq ans et quelques mois. Son règne n'offre rien de vraiment grand.

1272. *Rodolphe de Habsbourg.* J'ai remarqué ce règne, parce que ce Rodolphe fut le premier empereur de la maison d'Autriche qui a donné tant de souverains à l'Allemagne, et qui s'est éteinte en 1740, à la mort de Charles VI. Rodolphe était comte de Habsbourg, en Suisse, et possédait aussi quelques biens en Allemagne. Assez riche pour soutenir la dignité impériale, et pas assez puissant pour en imposer aux autres princes de l'Allemagne, ils le choisirent pour empereur. Il avait d'ailleurs d'excellentes qualités personnelles.

S'étant emparé de l'Autriche, dont le nom signifie *oriental*, il en donna l'investiture, en **1282**, à ses fils Albert et Rodolphe; c'est cet Albert qui devint la souche des princes de la *maison d'Autriche*.

1280. *Mongols, à la Chine*. C'est de cette époque que l'on commence à compter l'établissement de la famille des princes mongols à la Chine; ce fut la vingtième famille. Ils adoptèrent les lois et presque tous les usages du pays, et régnèrent jusqu'en 1368, qu'ils furent supplantés par la dynastie chinoise des *Ming*.

1282. *Vêpres siciliennes*. On désigne par ce nom un attentat horrible, commis en Sicile contre les Français, pendant que l'on se rendait à vêpres, le jour de Pâques. Il est douloureux de convenir que les Français s'étaient presque attiré ce traitement par une conduite qui outrageait toute la nation napolitaine et sicilienne.

Urbain IV, comme je l'ai dit, avait appelé au trône de Naples Charles d'Anjou, frère de Louis IX. Conrad II, connu sous le nom de Conradin, était petit-fils de Henri Ier, qui avait été roi de Naples; il prétendait succéder à son père, Conrad Ier. Le pape ne le voulut pas. Non-seulement Charles se prévalut de la donation pour s'emparer du trône, mais ayant fait Conradin prisonnier, il lui fit trancher la tête, comme si, au lieu d'avoir un droit marqué au trône, ce prince n'eût été qu'un sujet révolté.

Le reste de la conduite de Charles répondit à ces commencements. Les Français qui l'avaient accompagné se permettaient toute espèce de licence à l'égard des Napolitains et des Siciliens. La nation, comprimée par la force et l'autorité, ne parvenait jamais à faire entendre ses justes plaintes. Du mécontentement on passa à l'indignation. Il ne fallait qu'un chef, il se trouva.

Jean, seigneur de l'île de *Procida*, parcourant les villes de la Sicile, parvint à ourdir les fils d'une conspiration tenue partout très-secrète. Elle éclata à Palerme, le **28** mars **1282**. De toutes parts on s'arma contre les Français, et presque tous ceux qui se trouvaient en Sicile furent égorgés.

A la suite de cette horrible boucherie, les Palermitains arborèrent la bannière de Saint-Pierre, et proclamèrent le pape pour leur souverain.

1285. Philippe IV, dit *le Bel, roi de France.* Ce prince fut proclamé roi à Perpignan, où était mort son père. Sous ce règne, l'inimitié qui déjà existait entre la France et l'Angleterre éclata de manière à ne pas laisser entrevoir une prompte réconciliation. Dans les guerres qu'elle occasionna, il y eut des succès et de grandes pertes. Cependant Philippe gagna la bataille de *Mons-en-Puel*, en **1204.** Ce fut sous ce règne que l'on employa, pour la première fois, l'expression de *tiers état*, parce qu'auparavant on n'admettait dans les assemblées de la nation que le *clergé* et la *noblesse*. Ce fut sous ce règne aussi qu'arriva l'horrible affaire des Templiers, et j'ajoute, comme un autre crime politique, l'altération des monnaies. Ce roi fit de plus chasser les Juifs après s'être emparé de leurs biens.

1293. *Matthieu Visconti à Milan.* A cette époque, l'autorité passa, à Milan, entre les mains de Matthieu Visconti. Il était neveu de l'archevêque Othon, qui s'y était emparé de la puissance. Les Visconti dominèrent dans ce duché jusqu'en 1447, que parurent les *Sforce.*

1299. *Les Ottomans dans l'Anatolie.* Les Ottomans que nous nommons vulgairement les *Turcs,* parce qu'ils sont de cette nation, et qui s'appellent entre eux *Osmanlis* et *Ottomans,* du nom de leur premier chef, sont originaires du Turkestan, en Asie. Ils ne furent d'abord connus que comme un corps de milice, à la solde des *Seldjioucides* de *Roum,* dans l'Anatolie. Le chef de ce corps nombreux s'était établi à *Prusa* ou *Broussa;* il se nommait ou *Othman* ou *Athman.* S'étant fortifié dans cette ville, il secoua le joug des Seldjioucides, et jeta les fondements d'une nouvelle puissance. Ses descendants se firent promptement un état assez étendu en Asie et même en Europe, par les avantages qu'ils remportèrent sur les Grecs. Andronic II Paléologue était alors sur le trône de Constantinople, où il était monté en **1282.**

14e SIÈCLE.

1302. *Découvertes . . . . Boussole . . . . Lunettes d'ap-*

proche, etc. On croit que ce fut à peu près vers ce temps que la construction de la boussole fut découverte par un habitant d'*Amalfi*, nommé Flavio Gioja. On sait que la boussole est une espèce de boîte recouverte d'un verre, qui laisse apercevoir le tracé de la *rose des vents*, au milieu de laquelle est suspendue, sur un pivot, une aiguille aimantée. Or, par une propriété particulière à l'aimant, et que l'on découvrit alors, cette pointe aimantée se dirige d'elle-même, à peu près, vers le pôle septentrional : avantage inappréciable pour les voyages par mer.

La découverte des *lunettes d'approche*, qui date à peu près du même temps, est due à Zacharie Jansen, lunetier de *Middelbourg*. Vers le même temps aussi, on découvrit le moyen de faire du papier avec une pâte légère, résultant de chiffons pourris et longtemps broyés.

1308. *Confédération helvétique.* L'ancienne Helvétie était devenue province immédiate de l'empire germanique, ainsi que je l'ai dit. Elle renfermait une foule de petits États. Quelques villes cependant étaient *libres* et *impériales*. Quelques autres cantons, gouvernés par leurs propres magistrats, recevaient de l'empereur des *avoyers* ou gouverneurs. L'empereur Albert Ier, fils de Rodolphe de Habsbourg, et qui avait en Helvétie des biens considérables, conçut le projet de l'assujettir entièrement à sa puissance. Les gouverneurs qu'il avait mis en place se conduisaient de la manière la plus tyrannique; ils voulaient écraser la nation. Il en résulta un effet contraire. Ce fut alors, en 1308, que quelques hommes, entre lesquels on place Guillaume Tell, entreprirent de rendre à leur pays la liberté prête à s'éteindre. Il se fit un rassemblement considérable d'hommes armés ; les avoyers furent assaillis et pris dans leurs châteaux, puis transportés hors du territoire. La suite répondit à cet heureux commencement. Les troupes envoyées par Albert furent vaincues en plusieurs batailles, et les cantons formèrent successivement une confédération qui ayant commencé dans le canton de *Schwitz*, fit donner à tout le pays ce nom de *Suisse*, qu'il porte encore aujourd'hui, quoique l'ancien nom d'Helvétie ait aussi repris faveur.

1314. Louis X, dit *le Hutin, roi de France.* Ce prince avait vingt-huit ans lorsqu'il parvint au trône ; il ne régna que deux ans. Les malheurs de ce règne avaient été préparés par la mauvaise administration du précédent. Ce prince mourut, laissant enceinte la reine Constance.

1316. Jean Ier *roi de France.* Ce prince ne vécut que peu de jours.

1316. Philippe V, dit *le Long, roi de France.* Ce prince était, ainsi que Louis le Hutin qui l'avait précédé, et Charles-le-Bel qui lui succéda, fils de Philippe-le-Bel. Lors de la naissance de Jean 1er, il avait été nommé *régent* du royaume. Ce fut alors que, pour la première fois, on s'autorisa d'une loi en usage chez les Francs *Saliens*, et que, par cette raison, on nomme loi *salique*. D'après le texte de cette loi, les femmes ne peuvent pas occuper le trône en France ;

car il y avait une jeune princesse, âgée de six ans, fille de Louis le Hutin, que l'on aurait pu couronner. Le règne de Philippe V fut déshonoré par la persécution exercée contre les Albigeois, et les vexations contre les Juifs, qui pourtant avaient acheté le droit de vivre dans le royaume. A la faveur d'une mauvaise administration, il se forma des troupes de brigands sous le nom de *pastoureaux*, qui parcouraient et désolaient les campagnes.

1322. CHARLES IV, dit *le Bel*. Ce prince était le troisième fils de Philippe le Bel. Il crut faire le bien de la nation en la vengeant de la rapacité des financiers, dont il fit rechercher la fortune ; mais on y mit des formes si bizarres, que l'on déshonora même le motif par la cruauté de l'exécution. Sa fermeté à l'égard des seigneurs châtelains, qui désolaient les campagnes, eut un effet plus heureux. Il parvint à affranchir le peuple de leur tyrannie. Quelques guerres contre l'Angleterre remplirent une partie de ce règne.

1328. PHILIPPE VI, dit *de Valois*. Philippe III, dit *le Hardi*, que nous avons vu monter sur le trône, en 1270, laissait à sa mort *deux* fils, savoir : *Philippe IV*, qui lui succéda, et *Charles*, qui fut comte de Valois. Comme, en mourant, Charles le Bel ne laissait pas de fils, il était dans les principes admis précédemment que Philippe, comte de Valois, succédât à son cousin. Mais Édouard III, sans égard à ces principes établis d'après la loi *salique*, prétendit que sa femme Élisabeth, fille de Philippe IV (princesse dont j'ai déjà parlé), avait des droits au trône, et voulait les faire valoir. On rejeta ses prétentions. Ce règne fut malheureux pour la nation. 1° Pour soutenir le comte de Flandre, dont les sujets s'étaient révoltés, le roi prodigua le sang de la nation française. 2° Il se brouilla, par une conduite au moins très-imprudente, avec Édouard III, roi d'Angleterre, et l'armée de ce prince mit le royaume de France à feu et à sang. De plus, une peste affreuse ravagea le royaume en 1351.

Humbert II, de la maison de la Tour-du-Pin et souverain du Dauphiné, n'ayant pas d'enfant, fit don à Philippe de Valois de son petit État, à condition qu'un des fils des rois de France porterait le titre de *dauphin*. Le second des fils de Philippe de *Valois* porta ce titre. Philippe VI est le premier de nos rois qui se soit emparé du *monopole* du sel ; c'est-à-dire, du droit d'en faire seul le commerce au nom du souverain. D'où vint que le peuple lui donna le surnom de Philippe le *Salique*.

1328. *Louis de Gonzague, à Mantoue.* La ville de Mantoue, qui avait éprouvé bien des vicissitudes, soit comme république, soit lorsqu'elle était soumise aux empereurs d'Allemagne, commença à jouir d'un sort plus tranquille sous le gouvernement d'un seul chef, ayant le titre de *capitaine*. Le premier fut Louis de Gonzague, en 1328.

1336. *Tamerlan.* Ce conquérant dévastateur de l'Asie, était un des descendans de Ginghiz-Khan, et son nom véritable était *Timur*. Le nom de *beg* ou seigneur, n'est qu'une épithète qui s'ajoute au nom de celui qui a le droit de le porter. Chez les Orientaux, ce prince est appelé le plus ordinairement *Timur-Beg ;* mais étant devenu boiteux à la suite d'une blessure considérable, on le nomma vulgairement *Timur-Lenk,* d'où, par corruption, s'est formé le nom de *Tamerlan.* Dès qu'il eut affermi son autorité, il parcourut en vainqueur toute l'Asie occidentale, combattit Bajazet, sultan des Ottomans, le fit prisonnier dans la plaine d'*Ancyre,* et mourut peu après.

1340 ou 1342. *Poudre à canon.* Ce fut vers ce temps que les Maures, les premiers en Europe, firent usage de la poudre à canon dans leurs guerres en Espagne. Mais on croit que le salpêtre, et même les compositions dans lesquelles il entre, étaient depuis longtemps connus en Chine. D'autres auteurs ont dit que la poudre à canon avait été inventée par le moine *Schœartz,* dans la ville de Cologne. C'est à peu près dans le même temps que la peinture à l'huile fut inventée par les deux frères *Wan Eick,* dont le cadet est connu chez nous sous le nom de Jean de *Bruges.*

1350. Jean II, dit *le Bon, roi de France.* Jean, l'aîné des enfants de Philippe de Valois, lui succéda à l'âge de trente ans. Son règne fut malheureux pour la France ; et la plus grande partie des malheurs eurent leur source dans l'humeur ombrageuse et le caractère emporté de ce roi. Un de ses ennemis les plus acharnés fut Charles surnommé *le Mauvais,* roi de Navarre ; et l'un des plus estimables fut le *Prince Noir,* fils d'Édouard III. Ce jeune prince parvint à faire le roi Jean prisonnier, et le traita avec beaucoup d'égards; mais il l'emmena en Angleterre. Pendant cette détention, qui entraîna des désordres dont le Dauphin ne put arrêter qu'une partie, des compagnies de militaires, sous le nom de *Malandrins* et de *Tard-Venus*, se jetaient de tous côtés et ravageaient les provinces; des paysans, sous le nom de la *Jacquerie*, pillaient et détruisaient les châteaux. Jean obtint la liberté de revenir en France, laissant en otage son fils, le duc d'Anjou; mais le jeune prince trouva le moyen de se sauver. On doit rapporter à la gloire du roi Jean, qu'il n'en tint pas moins ses engagements; un manque de parole, dans cette circonstance, eût, ce me semble, flétri sa mémoire : il retourna à Londres, comme il l'avait promis, et y mourut. Sous ce règne, un traître, nommé Marcel, prévôt de Paris, favorisait les Anglais; il fut assommé par Jean Maillard et Pépin des Essarts.

1358. *La Jacquerie.* C'était une troupe de paysans soulevés, qui commencèrent en France dans le Beauvoisis; ils avaient pour chef un paysan appelé *Caillet.* Le nom de Jacquerie vient de ce que les gentilshommes, qui assez ordinairement pillaient les paysans, les nommaient collectivement *Jacques Bonhomme,* comme le peuple anglais est appelé *John Bull.* Ces paysans furent détruits, partie par le Dauphin, partie par Charles le Mauvais. Caillet eut la tête tranchée, le reste se dissipa.

1364. CHARLES V, dit *le Sage, roi de France.* Le règne de ce prince fut très-agité. Heureusement que Charles eut à la tête de ses armées le vaillant Bertrand du Guesclin. On cite de ce prince plusieurs ordonnances qui lui font honneur; il ne mit pas d'impôt, et tira quelque argent des Juifs. Ce fut sa bibliothèque, composée d'environ neuf cents manuscrits, qui forma le commencement de la bibliothèque royale actuelle, comprenant plus de quinze cent mille volumes imprimés, et plus de soixante mille manuscrits.

1368. *Vingt-unième famille impériale à la Chine.* Cette dynastie est celle des *Ming*, qui est de race chinoise. On raconte que la Chine gémissait sous la tyrannie d'un prince mogol de la famille des *Yuen.* Un soldat, fils d'un laboureur, et qui avait passé ses premières années chez des bonzes (espèce de religieux), entreprit de remettre sur le trône un souverain de famille chinoise. En effet, il parvint à se faire un parti considérable, s'empara de quelques provinces, et finit par les conquérir toutes. Ce même homme prit le nom de Hong-Vou, devint empereur, et gouverna avec beaucoup de sagesse.

1380. Charles VI, *le Bien-Aimé.* Ce prince était le fils aîné de Charles V : le second était le duc d'Orléans, prince qui fut assassiné dans une rue de Paris par ordre du duc de Bourgogne. Ce règne fut un des plus funestes à la France. La reine Isabelle de Bavière ne respectait ni les lois de l'hymen, ni celles du royaume, et le roi était devenu imbécile. Le parti anglais domina dans Paris, au point que Henri VI, roi d'Angleterre, fut reconnu roi de France; le dauphin errait dans les provinces; mais le duc de Bourgogne fut assassiné dans une conférence qu'il eut avec ce prince, sur le pont de *Montereau.*

15ᵉ SIÈCLE.

1402. *Bataille d'Ancyre.* Bajazet, quatrième sultan des Ottomans, commença son règne par des actes de barbarie, fit des conquêtes en Asie, passa en Europe, et fut sur le point de s'emparer de Constantinople. Rappelé dans ses États par l'arrivée de *Tamerlan,* il lui livra bataille dans la plaine d'*Ancyre,* et la perdit; il y fut même fait prisonnier. Mais la honte et le chagrin terminèrent assez promptement les jours de Bajazet.

1422. CHARLES VII, *le Victorieux.* Ce ne fut qu'après bien des dangers et des victoires partielles en différentes parties du royaume qu'enfin le dauphin parvint à monter sur le trône. Heureusement qu'il fut bien servi par d'habiles capitaines, et par Jeanne d'Arc, surnommée la Pucelle d'Orléans. Ce fut au courage de cette femme inspirée qu'il dut une partie de ses victoires et l'avantage d'être sacré à Reims. Cette même Jeanne d'Arc, étant tombée au pouvoir de ses ennemis, qui étaient aussi ceux du roi, ce prince ne tenta ni attaque par les armes, ni négociation, pour l'arracher à la condamnation qui la menaçait, et au supplice qu'elle subit à Rouen, où elle fut brûlée comme sorcière.

1451. MAHOMET II. Ce prince est le neuvième dans la suite des sultans ottomans : il était fils d'Amurath II, qui avait été un grand guerrier. Mahomet le surpassa : aucun ennemi ne pouvait résister à la force de ses armes.

1453. *Prise de Constantinople par Mahomet II.* Constantin XII, Paléologue, dit *Dragasès*, était monté sur le trône de Constantinople en **1448.** Son règne fut très-agité par les troubles que suscita Démétrius, frère de l'empereur. Mais l'événement le plus fâcheux de ce règne fut la prise de Constantinople, assiégée par Mahomet, avec une armée de 300,000 hommes : cette place n'en avait que 8,000 de garnison ; l'ennemi avait de plus 400 galères. La ville fut emportée d'assaut le 29 mai **1453,** et livrée au pillage. Il y avait **1123** ans que cette ville était le siége de l'empire romain. Les avantages de sa situation lui conservèrent la prééminence du rang. Elle devint la capitale de l'empire des Ottomans, dont les souverains fixèrent dès lors leur séjour en Europe.

N. B. C'est vers ce temps que les arts furent enrichis de plusieurs découvertes importantes :

1° La gravure sur bois, à l'imitation de celle employée pour faire des cartes à jouer ; on fit d'abord des images de saints.

2° L'art de l'imprimerie résulta de la *mobilité* des caractères et de l'*art de les fondre.* La mobilité des caractères est due à *Jean de Guttemberg*, gentilhomme de Mayence. L'art de fondre fut connu peu après par ce même Guttemberg, en société avec *Jean Fust,* aussi de Mayence.

3° La gravure sur cuivre, dont on attribue l'invention à *Maso Finiguerra*, orfévre de Florence. Si les Allemands ne l'ont pas nventée, ainsi que quelques auteurs le prétendent, ils l'ont du moins très-perfectionnée.

1461. Louis XI, *roi de France.* Ce prince, parvenu au trône, sentit bien les plaies de l'État, et y appliqua des remèdes. Mais il y employa des moyens odieux : son règne ne présente presque qu'une suite de fourberies et de cruautés. Il mourut au château de *Plessis-lès-Tours*, tourmenté par ses remords et la crainte des châtiments éternels.

1474. *Réunion des royaumes d'Aragon et de Castille.* Les Arabes avaient partagé l'Espagne, leur conquête, en différents États, connus sous le nom de royaumes de *Cordoue*, de *Grenade*, de *Valence*, etc. Les Espagnols, en repoussant les Maures, formaient aussi de leurs conquêtes différents États, tels que les royaumes de *Navarre*, d'*Aragon*, de *Castille*, etc. Ce dernier, qui était l'un des plus anciens, avait pris son nom de la quantité de *forts* (*castellum* en latin) élevés pour sa défense.

A l'époque dont je parle, *Isabelle*, fille de Jean II, roi de Castille, avait épousé, en 1469, *Ferdinand*, fils de Jean II, roi de Navarre et d'Aragon. Isabelle, à la mort de son frère Henri IV, devint reine de Castille en 1474, et Ferdinand, son époux, déjà roi par sa femme, hérita, en 1479, du royaume d'Aragon, de celui de Sicile, et du royaume de Naples, en 1504.

Mais ces deux époux continuèrent à gouverner séparément leurs États. Il ne faut pas perdre de vue qu'ils n'eurent d'enfant que la princesse *Jeanne*, que, dans la suite, on a surnommée *la Folle*. Ce fut cette princesse qui, ayant épousé, en 1496, Philippe de *Bourgogne*, fut mère de Charles-Quint.

1483. CHARLES VIII, *roi de France.* Ce prince

n'avait que treize ans à la mort de son père. Sa sœur aînée, comtesse de Beaujeu, fut reconnue régente. On reproche à ce roi d'avoir sacrifié l'argent et les hommes de la nation à la conquête du royaume de Naples, qu'il ne put conserver. Il fit, d'ailleurs, plusieurs choses utiles, et rendit sédentaire à Paris le tribunal appelé *Grand-Conseil.* Ce prince mourut sans laisser d'enfants.

1485. Henri VII, *roi d'Angleterre.* Ce règne est remarquable, parce que Henri fut le premier prince de la maison de *Tudor,* et que le mariage de son père, Edmond Tudor, avec Élisabeth, de la maison d'York, avait cimenté la réunion des maisons d'York et de Lancastre, longtemps ennemies.

1492. *Les Maures chassés de l'Espagne.* Les Maures, battus dans l'intérieur de l'Espagne, avaient continué cependant à se maintenir dans la partie méridionale : ils y possédaient le royaume de Grenade. Isabelle et Ferdinand vinrent mettre le siége devant cette capitale en **1491**, et la prirent le **2** janvier **1492.** Le roi maure eut la liberté de se retirer en Afrique. En **1500**, on permit à tous les Maures de s'y retirer aussi ; et enfin on fit la faute très-impolitique de les chasser. Ferdinand est le premier roi d'Espagne qui ait porté le surnom de roi *catholique.*

1492 *bis.* *Découverte de l'Amérique.* Quelques anciens avaient soupçonné qu'il existait une quatrième partie du monde, mais personne ne l'avait assuré d'une manière positive. Au temps dont je parle, Christophe Colomb, Génois, d'après plusieurs notions nautiques, en avait la conviction; mais il manquait des moyens de s'en assurer. Après avoir inutilement sollicité plusieurs cours de l'Europe d'armer quelques vaisseaux, pour tenter cette découverte, il se présenta à Isabelle, reine de Castille, qui lui accorda des hommes et trois vaisseaux.

Il partit du port de Palos le 3 août 1492, et, après une navigation périlleuse, il aborda le 12 octobre à l'une des îles *Lucayes*, qu'il nomma l'île de *Saint-Sauveur;* il parvint ensuite à l'île de *Haïti*, qu'il nomma *Saint-Domingue;* à celle de *Cuba*, etc. Après ces premières découvertes, il revint en Europe, fut comblé d'honneurs, retourna, fit d'autres découvertes encore, fut persécuté, rétabli en faveur; enfin il mourut, et fut enterré à Séville.

Peu après l'un des retours de Christophe Colomb, un négociant florentin, nommé *Améric Vespuce*, ayant aussi voyagé vers ce nouveau continent, publia des cartes des pays découverts, et plaça son nom sur ces cartes, de manière que ce nom, se lisant avec ceux des pays qu'elles offraient, prit insensiblement la place de celui de Colomb, qui seul méritait cet honneur.

1498. Louis XII, dit *le Père du peuple, roi de France.* Ce prince était petit-fils de Louis d'Orléans, assassiné à Paris, et fils de Charles V. Il avait des vertus respectables, et montra toujours beaucoup d'affection pour le peuple. Après avoir divorcé d'avec sa femme, Jeanne, fille de Louis XI, il épousa

Anne de Bretagne, veuve de Charles VIII, qu'il aimait depuis longtemps. Il entreprit la conquête du duché de Milan, sur lequel il avait des droits. Ce fut de son temps qu'eut lieu la *Ligue de Cambrai*, en 1508, entre le pape Jules, l'empereur Maximilien, Louis XII et Ferdinand, roi d'Espagne. Cette ligue était dirigée contre les Vénitiens, qui eurent l'adresse d'y échapper.

16e SIÈCLE.

1501. SCHAH-ISMAEL-SÉFIÉ-SOPHI, *en Perse*. Ce prince est le chef de la dynastie que l'on nomme des *Sophis*, laquelle ne finit qu'en la personne de Schah-Thamas, déposé en 1736. Les circonstances du commencement de cette dynastie méritent d'être connues.

Lorsque Tamerlan revenait en Perse après sa victoire sur Bajazet, il emmenait avec lui un nombre considérable de familles faites prisonnières dans la Caramanie. Il n'attendait qu'un jour de fête pour les mettre à mort avec plus de solennité. Dans un petit pays de la Perse, vivait Séfié, recommandable et déjà célèbre par sa grande piété. Sa réputation inspira à Tamerlan le désir de l'aller visiter. Ce conquérant farouche ne fut point insensible au mérite de Séfié, le vint voir plusieurs fois, et enfin, avant de le quitter, lui demanda ce qu'il pouvait faire pour lui donner une preuve de son estime. Séfié lui demanda la vie de trente mille prisonniers qu'il traînait à sa suite. Timur non-seulement leur laissa la vie, mais même lui abandonna ces prisonniers. Le vertueux Séfié réussit à pourvoir à leur subsistance, et à renvoyer chez eux le plus grand nombre. Cet acte de bienfaisance fit ajouter au nom Séfié l'épithète de *Saint*, et cette réputation se transmit à ses descendants.

Enfin, l'un d'eux, en 1501, fut reconnu chef d'un parti considérable, sous le nom de *Schah-Ismaël*. Il réussit à se faire reconnaître souverain.

1515. FRANÇOIS Ier, *roi de France*. Ce prince, ainsi que Louis XII, descendait de Louis d'Orléans, assassiné en 1407, par Jean, duc de Bourgogne. A la mort du roi, il s'en trouvait être le plus proche parent. Le règne de François Ier fut plus brillant qu'heureux. Ayant porté, comme Louis XII, la guerre en Italie, ce fut avec moins de succès, car il fut fait prisonnier à la bataille de Pavie, en 1525. Ce prince aima et protégea les lettres, et mourut en 1547.

1516. *Babor, aux Indes*. Babor descendait de Tamerlan, et même avait régné à Samarcande; il en avait été chassé par les *Usbeks*, et s'était retiré dans le *Kaboulistan*. Ranguildas, qui en était gouverneur, le reçut bien, et lui procura les moyens de faire des conquêtes. Sa première expédition dans l'Inde, après avoir traversé l'*Indus* en 1518, fut suivie de plusieurs autres. C'est du règne de ce prince que commence la domination des Mogols en Perse. Le prince qui y portait le titre de *Schah* ou souverain suprême était nommé chez nous le *Grand*

Mogol; cette puissance est actuellement détruite ; il en sera parlé dans la suite.

1517. *Réforme de Luther.* Sous le pontificat de Léon X, de la maison des Médicis, Luther, moine augustin de Wittemberg en Saxe, saisit le prétexte de la profusion des *indulgences* pour attaquer la suprématie du pape et prêcher la nécessité d'une réforme. L'électeur de Saxe et plusieurs autres princes d'Allemagne soutinrent les prédications de Luther, embrassèrent sa doctrine, et cessèrent de regarder le pape comme *chef* de l'Église.

Dans le même temps, Zwingle, de Zurich en Suisse, prêcha les mêmes opinions, et eut pour successeur Calvin, natif de Noyon. C'est à ces événements que remontent les deux schismes des *Luthériens* et des *Calvinistes*, qui diffèrent entre eux sur plusieurs points.

1517. *Conquête de l'Égypte par le sultan Sélim Ier.* On a vu précédemment que les Mamlouks s'étaient emparés de l'Égypte. Ils avaient gouverné ce pays pendant deux cent soixante-sept ans, lorsque Sélim en entreprit la conquête. Depuis cet événement, l'Égypte ne fut plus qu'une province de l'empire ottoman, qui y envoyait tous les ans un *pacha* pour la gouverner. Pour toute l'administration politique et économique, le pays était confié à vingt-quatre *beys* mamlouks, dont quelques-uns parvinrent à s'emparer de toute la puissance.

1519. *Charles-Quint, empereur.* Ce prince, ainsi que je l'ai dit précédemment, était fils de Philippe le

Beau, archiduc d'Autriche, et de Jeanne, fille de Ferdinand le Catholique et d'Isabelle de Castille. Il devint roi d'Espagne en 1516, et fut élu empereur en 1519; ce prince était né en 1500. Presque en tout son règne il se montra le rival de François Ier, dont il n'eut pas les vertus loyales, mais qu'il surpassa par les talents politiques.

1519 *bis. Premier voyage autour du monde* par Magellan, qui découvrit le détroit auquel il donna son nom, et par lequel on passe de l'océan Atlantique dans le grand Océan. Il mourut l'année suivante dans l'île de Macao.

1523. GUSTAVE VASA, *en Suède.* La Suède était réunie au Danemark, et gémissait sous la tyrannie de Christiern II, qui avait formé le projet d'y exterminer toute la noblesse. Presque tous les princes de la maison royale avaient péri ; mais Gustave Vasa, l'un de ces princes, après avoir vécu longtemps caché dans les montagnes de la Dalécarlie, parvint à soulever cette province, puis insensiblement toutes les autres. Enfin il fut reconnu roi, et la Suède se rendit indépendante des rois de Danemark.

1551. ALEXANDRE DE MÉDICIS, *premier duc de cette maison à Florence.* Nous avons vu précédemment la Toscane soumise à des marquis, puis s'ériger en république. En 1389, naquit à Florence un homme doué d'une grande intelligence pour le commerce et pour la politique. Il gagna de grandes richesses pour son propre compte, et gouverna très-sagement les affaires de la république : c'était Côme de Médicis. Sa famille, après lui, continua d'occuper à Florence les premières places. Enfin l'un de ses descendants, Alexandre de Médicis, prit le titre de duc, ensuite on dit le *Grand-Duc*. Le dernier de cette famille fut Jean Gaston, mort en **1737**. Il eut pour successeur François, duc de Lorraine.

1547. HENRI II, *roi de France.* Ce prince était fils de François Ier, lui succéda, et fut sacré à Reims, peu après la mort de son père. Malheureusement il épousa Catherine de Médicis. Il avait d'excellentes qualités. Ce fut sous son règne qu'arriva le combat, en champ clos, de Jarnac et de la Châtaigneraie, qui y fut tué. Il en résulta l'avantage que l'usage des duels *judiciaires*, jusqu'alors permis par la religion et la loi, fut aboli par Henri II. Mais sa conduite, d'ailleurs, ne répondit pas à cet acte de sagesse. Ayant été blessé à l'œil dans un tournoi par Montgommery, il mourut peu après. En mourant, ce prince laissait quatre fils, dont trois furent successivement rois : ce furent *François II, Charles IX* et *Henri III.*

1556. AKBAR, *Grand Mogol.* Nous avons vu la puissance des Mogols établie aux Indes par Babor, en **1516**. Ce fut surtout son petit-fils, Akbar, qui y affermit la puissance de sa nation. Il se transporta dans les provinces de son empire, et en fit faire une espèce de cadastre que l'on consulte encore aujourd'hui : on le nomme *Ayen-Akbari,* ce qui peut se rendre par le *cadastre d'Akbar.*

1559. FRANÇOIS II, *roi de France.* Ce prince

avait épousé Marie Stuart, fille de Jacques V, roi d'Écosse, et de Marie de Lorraine, fille de Claude Ier, duc de Guise. Il en résultait que le duc de Guise, lieutenant général du royaume de France, et son frère le cardinal de Lorraine, étaient oncles de la reine. De là leurs prétentions excessives à l'autorité, et les troubles qu'ils excitèrent dans le royaume. Pour satisfaire leur ambition, ils se servaient du prétexte de la religion, et attaquaient la nouvelle réforme. Le roi vécut peu. Ce fut vers ce temps que l'on nomma *huguenots* ceux qui avaient adopté les opinions nouvelles.

1560. CHARLES IX, *roi de France*. Charles n'était pas encore majeur lors de la mort de son frère ; la régence fut accordée à Catherine de Médicis. Ce fut sous ce règne qu'arrivèrent, 1° le massacre de *Vassy*, où périrent plus de trois cents huguenots ; 2° le massacre de la Saint-Barthélemy, qui eut lieu le 24 août, jour de la fête de ce saint, l'an 1572. Charles mourut à Vincennes, âgé d'à peu près vingt-quatre ans.

1574. HENRI III, *roi de France*. Ce prince était en Pologne, où la nation l'avait appelé au trône, lorsqu'on vint lui annoncer qu'il était roi de France. Le fanatisme secondait les menées sourdes de l'ambition. Le nouveau roi joua un rôle bien inférieur dans tous les événements de son règne. Enfin il mourut à Saint-Cloud, assassiné par un moine dominicain nommé *Jacques Clément*. HENRI III fut le dernier de la branche des Valois.

1576. *Commencement de la ligue catholique en France.* Cette ligue, tout à fait contraire au bien de l'État, fut fomentée en France par l'ambition des *Guises* et par celle de l'Espagne. Les Guises étaient des princes cadets de la maison de Lorraine. Le premier fut Claude, d'abord comte, puis duc de Guise, fils de Réné, duc de Lorraine, et frère de Jean, dit le cardinal de Lorraine. Ce fut ce dernier qui forma le plan de la *ligue*, qu'en apparence on ne voulait qu'opposer au parti protestant, mais dont les Guises voulaient se servir pour ôter la couronne à Henri III. Ils avaient obtenu un grand crédit à la cour. Claude de Guise, dont je viens de parler, avait marié sa fille, *Marie de Lorraine,* à Jacques V, roi d'Écosse. Leur fille, Marie, fut conduite de bonne heure en France pour y être élevée, et elle y épousa le roi François II, ce qui donna un grand crédit aux Guises, ses oncles. Ce grand crédit inspira de la jalousie aux princes de la famille de Bourbon, Antoine de Navarre, et Louis, prince de Condé, son frère, nés dans le parti protestant. Les Guises excitèrent le fanatisme des catholiques. Les chefs des seize quartiers de Paris se livrèrent à toutes les horreurs que nous avons vues se renouveler de nos jours ; ce qui amena l'assassinat de Henri III.

1579. *République des sept Provinces-Unies.* Ces provinces avaient fait partie de *dix-sept* provinces des Pays-Bas, soumises aux rois d'Espagne depuis Charles-Quint. Ce prince avait montré une grande partialité pour cette partie de ses États, préférence qui donna de la jalousie aux Espagnols. Philippe II, son fils, les traita, au contraire, très-durement. Voulant y arrêter les progrès des nouvelles opinions religieuses, il y envoya le duc d'Albe, qui s'y comporta en tyran. Le pays se révolta; après des troubles assez longs, *sept* provinces conservèrent leur indépendance, laquelle fut reconnue généralement par toute l'Europe, à la paix de Westphalie, en 1648.

1585. *Daïri et Coubo, au Japon.* Depuis les commencements connus de l'empire du Japon, le souverain, sous le nom de Daïri, y réunissait les deux pouvoirs : il était à la tête de la religion et à la tête de l'État. L'abus de ce double pouvoir s'était déjà fait sentir, et avait excité des troubles dès l'an 1142. Mais ce ne fut qu'en 1585 que *Taïco-Samo*, devenu général, força le Daïri de se désister entièrement de tout ce qui tenait au pouvoir civil. Il prit, et ses successeurs l'ont conservé, le titre de *Coubo*, avec le rang de souverain. Les seules jouissances du *Daïri*, resté chef de la religion, sont toutes en hommages et en démonstrations de respect.

1589. Schah-Abbas *le Grand*. J'ai indiqué précédemment l'époque de ce règne, parce qu'il fut le plus illustre de cette dynastie. On sait de ce prince des traits de la plus grande justice et de la plus barbare férocité.

1589. Henri IV. L'histoire de ce prince, susceptible de détails très-intéressants, appartient à l'histoire particulière de France ainsi qu'à celle de toute l'Europe : j'y renvoie. Je remarquerai seulement ici qu'il descendait de *Robert, comte de Clermont,* 5e fils de saint Louis, et mort en 1317. Le fils de ce comte Robert fut Louis Ier, duc de Bourbon. C'est de lui que descendait le père de Henri IV, Antoine de Bourbon, duc de Vendôme et roi de Navarre. Henri IV, qui avait toutes les qualités d'un grand et bon roi, fut assassiné, le 14 mai 1610, par Ravaillac.

17e SIÈCLE.

1603. Jacques Ier, *roi d'Angleterre.* Ce prince régnait d'abord en Écosse : il est le premier qui ait pris le titre de *roi de la Grande-Bretagne.* Il était fils de Marie Stuart, reine d'Écosse, et de Henri Stuart; sur le trône de ses pères, il porta le nom de Jacques VI; mais, en Angleterre, il n'eut que celui de Jacques Ier.

1610. Louis XIII, dit *le Juste.* Ce prince était fils de Henri IV et de Marie de Médicis. Il dut en grande partie l'éclat de son règne au cardinal de Richelieu, son premier ministre. Marie de Médicis avait eu la régence pendant ses premières années : ce fut un temps de troubles auxquels contribua le ministère du cardinal Mazarin. Louis XIII mourut à l'âge de quarante-deux ans.

1626. *Baromètre.* Cet instrument de physique, dont le nom signifie *mesure de la pesanteur,* et qui est devenu très-commun, fut inventé par *Torricelli*, disciple de Galilée.

1627. *Thermomètre inventé par Drebellius.* Le nom de cet instrument signifie *mesure-chaleur.* Le Hollandais Drebellius, sachant que la chaleur dilate les corps, imagina de mettre de l'esprit-de-vin dans un tube de verre, et de juger de l'intensité du chaud et du froid par le nombre plus ou moins grand de degrés où monterait cette liqueur. Les thermomètres faits avec du mercure sont encore plus exacts.

1643. Louis XIV, dit *le Grand.* Ce prince était fils de Louis XIII et d'Anne-Marie d'Autriche, fille de Philippe IV, roi d'Espagne. Le règne de Louis XIV fut un des plus glorieux pour la France. C'est alors que les lettres et les sciences commencèrent à briller d'un éclat qu'elles n'avaient point encore eu : de ce moment elles servirent de modèle à toute l'Europe. Ce règne ne peut être que traité d'une manière très-détaillée.

1645. *Empereurs mantchoux à la Chine, vingt-deuxième famille.* Cette nation, qui a donné à la Chine la dynastie de *Kin*, descend des Kins qui avaient régné sur le pays quatre cent dix ans auparavant. Ils prirent alors le nom de *Mantchoux*, c'est-à-dire les *Orientaux.* Mais la famille des souverains, ce que l'on nomme la dynastie, est appelée *Toising.* Le premier prince se nommait *Tai-Tsong.*

1648. *Paix de Westphalie.* Cette paix mérite d'être connue dès que l'on entre dans la carrière de l'histoire, parce qu'on y régla les intérêts de presque toute l'Europe. Depuis plusieurs années on répandait des flots de sang, et aucune puissance ne se trouvait assez forte pour en imposer aux autres. Après de très-longues négociations, on convint que le conseil des députés, appelé *congrès*, se tiendrait dans deux villes de la Westphalie, savoir : à *Osnabruck*, pour les protestants ; à *Munster*, pour les catholiques.

On y reconnut l'*indépendance* des Provinces-Unies et celle des Treize-Cantons suisses ; la *liberté des opinions religieuses ;* la *création d'un huitième* électorat pour la branche palatine de *Wittelbach*, qui en avait été dépossédée. Il faut observer cependant que la paix ne se fit réellement qu'entre la France et la Suède, et que la guerre continua entre la France, la maison de Savoie et l'Espagne ; de plus entre l'Espagne et le Portugal ; mais cela s'arrangea par la paix des Pyrénées, en 1659.

1665. Aureng-Zeb, *aux Indes*. Ce prince, l'un des successeurs d'Akbar, est un des plus célèbres souverains de l'Inde, connus sous le nom de Grands-Mogols. Il régnait dans un temps où plusieurs Européens voyageaient en Asie. Ils nous ont laissé des descriptions magnifiques de la cour de ce prince, qui en effet était très-brillante. C'était un prince sanguinaire, dont le véritable nom est *Alem-Ghuir*.

1689. Guillaume III, *roi d'Angleterre, de la maison de Nassau*. Le règne de ce prince commença par une usurpation. La nation anglaise, à la vérité, l'appelait au trône, pour le substituer à Jacques II, que l'on voulait détrôner ; mais il avait épousé la fille de ce prince, et dépouillait ainsi son beau-père, au lieu de le soutenir contre des sujets rebelles. Il était fils de Guillaume II, prince d'Orange. Après les défaites et la fuite du roi, il fut reconnu roi à sa place, et la princesse Marie, sa femme, fut reconnue reine. Son règne fut glorieux pour l'Angleterre.

1696. Pierre le Grand, *czar, puis empereur de Russie.* Ce prince, né dans la famille de Romanof, qui était en possession du trône, régna d'abord avec son frère Alexis : ce dernier mourut en **1682.** Pierre prit alors seul les rênes du gouvernement. Il voyagea pour s'instruire, régna avec gloire, et prit le titre d'empereur en **1721.** Il mourut en **1725.**

1700. *Avènement de la maison de Bourbon au trône d'Espagne.* Différentes puissances de l'Europe prévoyaient la fin prochaine de Charles II, roi d'Espagne et dernier prince de cette branche autrichienne. Ces puissances avaient déjà arrêté entre elles le partage des États de ce roi moribond, lorsque lui-même fit un testament par lequel il appelait au trône, après lui, Philippe, duc d'Anjou, fils puîné du dauphin, et par conséquent petit-fils de Louis XIV, à la condition de renoncer aux autres États de sa maison. Charles étant mort le 1er novembre **1701,** les Espagnols proclamèrent, dès le 4, Philippe V leur roi, et le reçurent solennellement à Madrid, le 4 avril **1701.**

18e SIÈCLE.

1701. Frédéric Ier, *roi de Prusse.* Depuis 1681, la Prusse avait le titre de *duché*, et reconnaissait pour souverains les électeurs de Brandebourg. Mais en 1701, Frédéric Ier se fit proclamer roi, et couronner à Kœnigsberg, après avoir acheté cet avantage de l'empereur Léopold Ier. Ce prince était fils de Frédéric-Guillaume, que l'on a surnommé le *Grand-Électeur.*

1714. Georges Ier, *roi d'Angleterre.* Après le règne de Guillaume III, la princesse Anne avait succédé à sa sœur Marie et à son beau-frère. Comme elle ne laissait pas d'enfant, quoiqu'elle eût été mariée au prince Georges de Danemark, la nation appela au trône Georges Ier, fils de la princesse Sophie, petite-fille de Jacques Ier. Elle avait été mariée à Ernest-Auguste, premier électeur d'Hanovre. Georges fut reconnu roi de la Grande-Bretagne : sa mère en avait été reconnue héritière en 1701.

1715. Louis XV, *roi de France.* Louis XV n'avait que cinq ans lorsqu'il parvint au trône. Il était fils du duc de Bourgogne et arrière petit-fils de Louis XIV. La régence fut donnée au duc d'Orléans, son oncle, époque qui se passa en plaisirs et en désordres. Depuis la majorité du roi, la première partie de son règne fut glorieuse ; la seconde prépara les maux qui, dans la suite, ont accablé la France. Ce prince mourut en 1774.

1717. Georges II succéda à son père ; il lui était inférieur en talents ; mais il eut l'avantage d'avoir pour ministres des hommes d'un rare mérite, tels que lord Chesterfield et Robert Walpole.

1736. THAMAS-KOULI-KHAN, *en Perse*. Le dernier prince de la dynastie des *Séfié* qui ait régné en Perse fut *Schah-Oucéin*, dont le règne fit le malheur de l'É-tat. Les Afghans en profitèrent pour s'emparer de la Perse. Cependant un guerrier, né dans le Khoraçan, s'était emparé de la personne du prince Thamas-Kouli-Khan. Son véritable nom était *Nadir*. Cet usurpateur porta la guerre dans l'Inde, dont il emporta des richesses immenses qui furent perdues pour tout le monde, car une tempête horrible surprit dans les montagnes les convois qui les transportaient, et conducteurs, chevaux, bagages, tout y périt. Nadir mourut en 1734.

1737. *Maison de Lorraine, en Toscane*. Jean Gaston, dernier prince de la maison des Médicis, et grand-duc de Toscane, n'ayant pas d'enfant, disposa de ses États longtemps avant de mourir; mais il varia dans ses dispositions. Enfin il fut arrêté que le prince François, duc de Lorraine et de Bar, gendre de l'empereur, succéderait à Jean Gaston, et que Stanislas, roi détrôné de la Pologne, aurait, sa vie durant, la jouissance de la Lorraine; après ce prince, elle devait revenir à la France. Gaston mourut en 1727. Le duc François lui succéda. Il avait épousé Marie-Thérèse, fille de l'empereur Charles VI, et fut élu empereur en 1745.

1757. Invention du paratonnerre par *Franklin*.

1760. Georges III, *roi d'Angleterre*. Ce prince, qui a succédé à son père, a régné jusqu'en **1821**.

1774. Louis XVI, *roi de France*. Ce prince était petit-fils de Louis XV et fils du dauphin, mort en **1765**. C'est sous son règne qu'est arrivée la révolution, dont cet excellent prince a péri victime, par le plus détestable des attentats, le **21** janvier **1793**.

1789. Ouverture des états généraux à Versailles le **5** mai. Ils se forment en Assemblée constituante. — Serment du jeu de paume; les députés jurent de ne pas se séparer avant d'avoir donné une constitution à la France. — Prise de la Bastille, le **14** juillet. — Adoption de la cocarde tricolore. — Dans la nuit du **4** août, l'Assemblée abolit tous les priviléges. — Le **12** octobre, le roi et l'Assemblée viennent résider à Paris. — Création des assignats. — Le premier numéro du *Moniteur* officiel paraît le **5** mai. — Nouvelle guerre des Anglais avec Tippo-Saëb, sultan de Mysore. — Georges Washington est élu président aux États-Unis. — Mort du sultan Abdul-Hamid. — Guerre des Russes avec la Suède et la Turquie.

1790. L'Assemblée constituante partage la France en **83** départements; elle décrète la constitution civile du clergé et **83** évêchés. — Au Champ de Mars, a lieu la fête nationale de la Fédération, le **14** juillet. — Institution du jury. — Mort de l'empereur d'Allemagne, Joseph II; il a pour successeur son frère Léopold II. — Paix de la Russie avec la Suède. — Le **général russe Souwarov** prend d'assaut la ville d'Ismaïl et y fait un horrible carnage. — Mort de Benjamin Franklin, aux États-Unis.

1791. Mort de Mirabeau, le plus grand orateur de l'Assemblée constituante. — Fuite du roi avec sa famille; il est reconnu à Varennes et ramené à Paris. — Congrès de Pilnitz, en Saxe : les souverains allemands menacent la France. — Le roi accepte la Constitution. — Avignon et le comtat Venaissin sont déclarés partie intégrante de la France. — L'Assemblée constituante tient sa dernière séance le 30 septembre; elle est remplacée, le 1ᵉʳ octobre, par l'Assemblée législative. — Commencement de la guerre de Vendée. — Traité de paix entre l'Autriche et la Turquie. Mort de Mozart, auteur de *Don Juan*.

1792. Déclaration de guerre à l'Autriche par la France; hostilités en Belgique. — Le 20 juin, le peuple, armé, envahit les Tuileries. — *La Marseillaise* est composée par Rouget de l'Isle, natif de Lons-le-Saulnier. — Le 10 août, les Tuileries sont envahies; les Suisses massacrés. — Louis XVI est suspendu de ses fonctions, puis enfermé au Temple avec sa famille. — Massacres dans les prisons de Paris pendant les 2, 3, 4 et 5 septembre. — Les Prussiens sont battus à Valmy par Dumouriez. — La Convention remplace la législative le 21 septembre; elle abolit la royauté et proclame la république. — Victoire de Dumouriez à Jemmapes sur les Autrichiens. — La Savoie conquise est incorporée à la France. — Mort de l'empereur Léopold II. — Les Anglais s'emparent de la moitié des États de Tippo-

Saëb, aux Indes. — Gustave III, roi de Suède, est assassiné dans un bal masqué par Ankarstroëm. — La Turquie et la Russie concluent le traité de Jassy.

1793. Louis XVI, condamné à mort par la Convention, périt sur l'échafaud, le 21 janvier. — Régime de la Terreur. — Coalition européenne contre la France. — Marat est assassiné par Charlotte Corday. — Mort de Marie-Antoinette et de vingt et un Girondins. — Inauguration du calendrier républicain. — Siége et prise de Lyon et de Toulon ; Napoléon Bonaparte se distingue au siége de cette dernière ville. — Établissement du premier télégraphe aérien par Chappe. — Second démembrement de la Pologne, opéré par la Russie et la Prusse. — Seneselder découvre la lithographie à Munich. — Washington est élu de nouveau président aux États-Unis.

1794. La guerre de la Vendée continue avec toutes ses horreurs. — Mort sur l'échafaud de Mme Élisabeth, sœur de Louis XVI. — Journée du 9 thermidor ; mort de Robespierre ; fin du règne de la Terreur. — Création de l'école Polytechnique. — Conquête de la Hollande par Pichegru. — Le physicien Volta découvre la pile électrique. — Révolution en Pologne ; Kociusko en est le chef. Les Polonais sont battus. Le roi Poniatowski est forcé d'abdiquer.

1795. Mort de Louis XVII, âgé de dix ans, dans la prison du Temple, 8 juin. — La Constitution de l'an III, décrétée le 22 août, confie le pouvoir exécutif à un Directoire ; le pouvoir législatif aux conseils des Anciens et des Cinq Cents. — Un décret de

la Convention réunit à la France les Pays-Bas autrichiens, qui forment neuf départements. — Par différents décrets, la Convention a créé l'Institut Natio-
nal, les lycées, l'école Normale, les écoles primaires,
le système métrique, etc.

Le stathoudérat est aboli en Hollande, dont Pichegru achève la conquête. — La France conclut la
paix de Bâle avec la Prusse. — La guerre continue
avec les Autrichiens. — Troisième et dernier partage
de la Pologne entre la Prusse, l'Autriche et la Russie.
— L'empereur de la Chine, Khian-Loung, abdique
en faveur de son fils, Kia-Kin.

1796. Bonaparte épouse, le 8 mai, Joséphine-Tas-
cher de la Pagerie, veuve du vicomte de Beauharnais,
mère de deux enfants, Eugène et Hortense. — Le
général Hoche termine la guerre de la Vendée. —
Conquête du Milanais par le général Bonaparte,
après les victoires de Montenotte, Millesimo, Mon-
dovi, Lodi, Arcole, etc. — Tippo-Saëb, dans l'Indoustan, s'allie avec la France contre les Anglais. —
La Hollande se constitue en république. — Mort du
roi de Sardaigne, Victor-Amédée; de Catherine II,
impératrice de Russie.

1797. Les ennemis de la république envahissent
les deux conseils les armes à la main, le 18 fructi-
dor. — Le Directoire déporte deux de ses membres,
Barthélemy et Carnot, ainsi qu'un grand nombre de
députés et de journalistes. — Bonaparte, victorieux,
conclut avec l'Autriche le traité de Campo-Formio,
petit village près d'Udine. — L'empereur reconnait

à la France sa frontière naturelle, la ligne du Rhin. — L'Autriche garde Venise avec l'Istrie, la Dalmatie. — Les îles Ioniennes, autrefois à Venise, passent à la France. — L'Autriche reconnaît la république Cisalpine. — Le roi de Prusse, Frédéric-Guillaume II, meurt et a pour successeur son fils, Frédéric-Guillaume III. — Washington n'accepte pas une troisième candidature à la présidence; nomination de John Adams.

1798. Bonaparte est chargé d'une expédition contre l'Égypte. Il quitte Toulon le 19 mai, prend l'île de Malte en passant, arrive en Égypte le 1er juillet et s'empare d'Alexandrie. — Victoire des Français à la bataille des Pyramides. — La flotte française est anéantie par Nelson dans la rade d'Aboukir. — La Porte déclare la guerre à la France, et s'allie avec la Russie qui envoie une armée en Italie. — Établissement à Paris du Conservatoire des Arts et Métiers. — Bell, en Écosse, et Lancastre, à Londres, ouvrent les premières écoles d'enseignement mutuel. — Les nègres, commandés par Toussaint Louverture, chassent les blancs de la colonie française dans l'île d'Haïti.

1799. Après les victoires du mont Thabor et d'Aboukir, Bonaparte quitte l'Égypte et arrive soudainement en France. Il renverse le Directoire, le 18 brumaire, et se fait nommer consul. — La Constitution de l'an VIII crée un consulat, composé de trois membres, un sénat, un tribunat et un corps législatif. — Bonaparte, premier consul, s'adjoint

Cambacérès et Lebrun. — Conquête du royaume de Naples par les Français; établissement de la république parthénopéenne. — Une seconde coalition se forme contre la France, qui perd toutes ses conquêtes en Italie. — Masséna bat l'armée austro-russe à Zurich. — Les îles Ioniennes, enlevées à la France, se constituent en république. — Dans l'Indoustan, Tippo-Saëb, notre allié, meurt en défendant ses États contre les Anglais. — Mort de Washington, aux États-Unis. — Mort du pape Pie VI, à Valence, en Dauphiné.

1800. Bonaparte fait un traité avec les derniers chefs de la Vendée; il divise la France en préfectures et sous-préfectures; établit la Banque de France, et conclut un traité d'amitié et de commerce avec les États-Unis. — Explosion de la machine infernale, dans la rue Saint-Nicaise, au moment où Bonaparte se rendait à l'Opéra (3 nivôse). — Bonaparte franchit le Saint-Bernard, bat les Autrichiens à Marengo (14 juin). — Le général Moreau est vainqueur à Hohenlinden. — Les Anglais s'emparent de Malte. — En Égypte, victoire de Kléber sur les Turcs, à Héliopolis; il est assassiné au Caire le 14 juin. — L'Angleterre incorpore l'Irlande à ses États. — Toussaint Louverture se fait nommer président à vie à Haïti. — Pie VII est élu pape. — Invention de la vaccine par l'Anglais Jenner.

19e SIÈCLE.

1801. Le premier consul signe un concordat avec le pape; le culte catholique est rétabli en France. — Traité de Lunéville entre la France et l'Autriche; de Florence avec le royaume de Naples. — Les Français sont obligés d'évacuer l'Égypte. — Traité de Saint-Ildefonse, par lequel l'Espagne cède à la France la Louisiane. — La Suisse, érigée en république Helvétique, se donne une nouvelle Constitution. — Paul Ier, empereur de Russie, est assassiné dans son palais; son fils, Alexandre Ier, lui succède; il incorpore la Géorgie à son empire.

1802. La France signe à Amiens un traité de paix avec l'Angleterre, qui nous restitue nos colonies. La paix est rétablie sur les mers comme sur le continent. — Création de la Légion d'Honneur. Napoléon Bonaparte est nommé consul à vie. — Le Piémont est réuni au territoire français. — Expédition de Saint-Domingue. — Toussaint Louverture est envoyé prisonnier en France. — Le roi de Sardaigne, Charles-Emmanuel IV, abdique en faveur de son frère, Victor-Emmanuel V. — Fulton fait les premiers essais de l'application de la vapeur à la navigation. — La planète Pallas découverte par Olbers.

1803. La guerre recommence avec l'Angleterre, qui refuse d'évacuer Malte. — La France cède la Louisiane aux États-Unis. — Le premier consul devient le médiateur de la confédération Suisse. — A Haïti, les Français, décimés par les armes et la fièvre jaune, sont refoulés jusqu'au Cap. — Découverte de la planète Junon par Harding.

1804. Complot contre la vie du premier consul, ourdi par Georges Cadoudal et des chouans émigrés. — Le duc d'Enghien, petit-fils du prince de Condé, est arrêté dans le grand-duché de Bade, emmené à Vincennes, et fusillé le 20 mars. — Le Code civil est adopté. — Napoléon Ier est proclamé empereur, le 18 mai. — Création de dix-huit maréchaux de France. — Pie VII vient sacrer Napoléon à Paris, le 2 décembre. — L'empereur d'Allemagne prend le titre d'empereur d'Autriche avec le nom de François Ier. — Au camp de Boulogne, Napoléon fait la distribution des croix d'honneur à l'armée. — Premier éclairage par le gaz.

1805. L'Angleterre organise contre la France une troisième coalition. — Napoléon est couronné roi d'Italie, à Milan. — Immortelle campagne de 1805. Prise d'Ulm, victoire d'Austerlitz le 2 décembre. — L'Autriche est obligée de signer le traité de Presbourg ; Napoléon se réserve l'Italie entière, l'Istrie et la Dalmatie. — L'électeur de Wurtemberg est créé roi. — La flotte franco-espagnole est défaite à Trafalgar par Nelson, qui est tué. — Mort de Schiller, poëte dramatique et historien allemand.

1806. Napoléon donne le trône de Naples à son frère Joseph, et celui de Hollande à son frère Louis; il crée la confédération du Rhin. — Campagne de Prusse. Les Français sont vainqueurs à Iéna.—Napoléon fait rois les électeurs de Bavière et de Saxe. — Blocus continental. — On élève à Paris la colonne Vendôme, les arcs de triomphe du Carrousel et de l'Étoile. — Mort du ministre anglais William Pitt. — Guerre civile à Haïti. — Méhémet-Ali, pacha d'Égypte, commence sa puissance.

1807. Napoléon gagne sur les Russes et les Prus-

siens les batailles d'Eylau et de Friedland. — Siége
et prise de Dantzig. — L'entrevue de Napoléon et
d'Alexandre sur le Niémen est suivie du traité de
Tilsitt. — Jérôme Bonaparte est fait roi de Westphalie. — Bombardement de Copenhague par les Anglais.
— Les Français entrent à Lisbonne. — La Russie et
l'Angleterre menacent Constantinople, qui est dé-
fendue par le général français Sébastiani. — Le
sultan Sélim III est déposé; il est remplacé par Mustapha. — A Haïti, Pétion est président de la république des mulâtres, et Christophe reste le chef des
nègres.

1808. Napoléon fonde l'Université Impériale, dont
M. de Fontanes est le premier grand maître. —
Guerre d'Espagne. — Le roi Charles IV et son fils
Ferdinand VII arrivent à Bayonne; ils abdiquent,
et Napoléon donne le trône d'Espagne à son frère
Joseph, et celui de Naples à son beau-frère Murat.
— La Russie enlève la Finlande à la Suède. — Mort
de Christian VII, roi de Danemark. — En Turquie,
Mustapha est déposé; Sélim III étranglé; Mah-
moud II proclamé empereur.

1809. La guerre continue en Espagne avec des al-
ternatives de succès et de revers. Siége et prise de
Saragosse. — Nouvelle coalition contre la France.
La victoire de Wagram et la prise de Vienne forcent
les Autrichiens à signer le traité de Vienne. — Les
Anglais nous enlèvent la Martinique et le Sénégal. —
Une révolution force Gustave IV, roi de Suède, à ab-
diquer. — Divorce de Napoléon et de Joséphine.

1810. Napoléon épouse Marie-Louise, archiduchesse d'Autriche. — Louis Napoléon, roi de Hollande, abdique, et la Hollande est réunie à l'empire
français. — Continuation de la guerre d'Espagne. —

Charles XIII, roi de Suède, n'ayant pas d'enfant, les Suédois demandent pour son successeur le maréchal de France Bernadotte. —Guerre entre la Russie et la Turquie.

1811. *Naissance du roi de Rome, le 20 mars.* — La guerre continue en Espagne et en Portugal entre les Français et les Anglais. — Le roi d'Angleterre est frappé d'aliénation mentale ; la régence est donnée au prince de Galles.—Les Anglais enlèvent à la Hollande le comptoir de Batavia.—En Égypte, Méhémet-Ali fait massacrer au Caire tous les beys mameluks. — En septembre et octobre, célèbre comète de **1811.**

1812. *Campagne de Russie.* Victoires des Français à la Moscova; Napoléon entre, le **15** septembre, à Moscou ; le gouverneur Rostopchin incendie la ville. Retraite des Français, le **18** octobre. Une grande partie de l'armée périt dans les neiges. — Conspiration du général Mallet, à Paris.—Les États-Unis déclarent la guerre à l'Angleterre. —Traité de Bucharest entre les Russes et les Turcs. La frontière russe s'étend jusqu'au Pruth et comprend la Bessarabie.

1813. *Campagne de Saxe.* Coalition européenne contre la France. Napoléon, vainqueur à Lutzen, à Bautzen, à Dresde, est vaincu à Leipzig. — L'armée française rentre en France.—En Espagne, les Français sont battus à Vittoria par les Anglais.—La Russie conclut un traité de frontière avec la Perse.

1814. *Campagne de France.* Malgré les victoires de Napoléon à Brienne, à Champaubert, à Montmirail, à Montereau, les alliés s'emparent de Paris, et Napoléon est obligé d'abdiquer à Fontainebleau. Louis XVIII entre à Paris le **3** mai. — Le traité de

Paris enlève à la France toutes ses conquêtes, et donne à Napoléon l'île d'Elbe pour séjour. — Ouverture du congrès de Vienne. — Le Hanovre est érigé en royaume. — La Belgique et la Hollande sont réunies sous le nom de royaume des Pays-Bas. — La Norvége est donnée à la Suède, la Lombardie à l'Autriche, la Pologne à la Russie, le grand-duché du Bas-Rhin et la Westphalie à la Prusse. — Ferdinand VII remonte sur le trône d'Espagne.

1815. *Les Cent Jours.* Napoléon quitte l'île d'Elbe, arrive à Paris le **20** mars. Louis XVIII se retire à Gand. — Campagne de Belgique. Napoléon, vainqueur à Ligny, est battu à Waterloo le **18** juin. — Il abdique pour la seconde fois, se remet entre les mains des Anglais, qui l'envoient à Sainte-Hélène. Louis XVIII rentre à Paris. — Les souverains de Russie, d'Autriche et de Prusse signent le traité de la Sainte-Alliance. — La France est réduite à ses frontières de 1790. — L'Allemagne forme la confédération germanique. — Le roi de Naples, Murat, battu par les Autrichiens, s'enfuit de son royaume. Il tente d'y rentrer, mais il est pris et fusillé.

1816. Bolivar commence la guerre d'indépendance en Amérique contre les Espagnols. — Expédition de lord Exmouth contre les pirates d'Alger. — Abolition du divorce en France. — Mariage du duc de Berry avec Marie-Caroline des Deux-Siciles. — Le mulâtre Pétion se fait nommer président à Haïti. — Mort de la reine Marie de Portugal; son fils prend le titre de Jean VI.

1817. Le Chili se constitue en république. — Guerres heureuses des Anglais contre les Mahrattes. — Disette en France, **1816-1817.** — Concordat conclu avec Pie VII. — Le général Lallemand fonde au Texas une colonie sous le nom de Champ d'Asile. — Conspiration militaire en Portugal. — La Suède adhère à la Sainte-Alliance.

1818. Servitude abolie dans le royaume de Wurtemberg. — Méhémet-Ali, pacha d'Égypte, donne à son armée une organisation européenne. — Manque de travail, misère affreuse en Espagne. — L'Illinois et l'Alabama sont annexés aux États-Unis. — L'armée d'occupation (Anglais, Russes, Prussiens, Autrichiens) quitte la France après trois ans d'occupation. — Le général Boyer succède à Pétion comme président à Haïti. — Mort de Charles XIII, roi de Suéde ; avénement de Bernadotte sous le nom de Charles-Jean XIV.

1819. Nouvelles révolutions dans l'Amérique du Sud ; les Espagnols sont massacrés.—Les États-Unis acquièrent les deux Florides espagnoles.—Première exposition publique des produits de l'industrie française au Louvre. — Révolte sanglante à Manchester.

1820. Mort de George III, roi d'Angleterre ; il a pour successeur son frère, George IV. — Insurrection en Espagne ; Ferdinand VII prête serment à la nouvelle constitution et abolit l'Inquisition. — En France, assassinat du duc de Berry, second fils du comte d'Artois, par Louvel ; ce prince laisse sa veuve enceinte ; elle donne naissance à un fils, qui reçoit le titre de duc de Bordeaux (29 septembre). — Insurrection militaire dans les Deux-Siciles et en Portugal. — Révolte d'Ali, pacha de Janina, contre la Porte. — Le Pérou se détache de la domination espagnole.

1821. Congrès de Laybach.—Insurrection en Piémont. Victor-Emmanuel abdique en faveur de son frère, Charles-Félix.—Le roi Jean de Portugal quitte le Brésil, laissant la régence à son fils, don Pédro. — Napoléon meurt à l'île Sainte-Hélène, le 5 mai, âgé de moins de 52 ans. — Création de l'école des Chartes à Paris. — La partie espagnole de l'île d'Haïti se proclame en république. — Les Grecs commencent à s'insurger contre la Turquie.

1822. Le Brésil se sépare du Portugal et nomme don Pédro empereur héréditaire et constitutionnel. — Congrès de Vérone, où viennent le roi de Prusse, les empereurs d'Autriche et de Russie; la France et l'Angleterre y sont représentées.—Boyer devient président de toute l'île d'Haïti. — Au Mexique, les Cortès proclament l'indépendance de la nation. — Mort d'Ali, pacha de Janina.

1823. Le Guatémala, au sud du Mexique, proclame son indépendance. — Une armée française, sous le commandement du duc d'Angoulême, entre en Espagne et rétablit Ferdinand VII sur le trône.—Mort du pape Pie VII. Léon XII est élu.—Par suite de la renonciation de Constantin, son frère puîné, l'empereur de Russie reconnaît publiquement pour son successeur son second frère, le grand-duc Nicolas.

1824. Guerre des Anglais avec les Indiens-Birmans. —Réactions sanglantes en Espagne. —Le général Lafayette reçoit à New-York un accueil brillant.—Mort du roi Louis XVIII; son frère, le comte d'Artois, lui succède. — Insurrection au Mexique; Iturbide est fusillé. — Mort du poëte anglais lord Byron à Missolonghi. La guerre continue entre les Grecs et les Turcs.

1825. En Bavière, Louis Ier succède à son père, Maximilien-Joseph. — En France, la chambre des députés vote un milliard d'indemnité pour les émigrés. — Constitution de rentes 3 p. 100 au taux de 75 fr. — Charles X est sacré à Reims. — La France reconnaît l'indépendance d'Haïti moyennant une indemnité de 150 millions à payer aux anciens colons français. — Mort du roi des Deux-Siciles, Ferdinand Ier, après soixante-cinq ans de règne. Il a pour successeur son fils, François Ier. — Alexandre Ier, empereur de Russie, meurt à Tangarog; son frère Nicolas lui succède. — En Grèce, siége de Missolonghi par les Turcs.

1826. Traité de commerce entre la France et le Mexique. — Mort du roi de Portugal, Jean VI; son fils, don Pédro, empereur du Brésil, est reconnu roi; mais il renonce à la couronne de Portugal en faveur de sa fille, dona Maria, qui doit épouser son oncle, don Miguel. — Révolte des Janissaires, à Constantinople; ce corps formidable est massacré.

1827. Mort du roi de Saxe, Frédéric-Auguste; il a pour successeur son frère Antoine. — Après d'inutiles négociations pour obtenir de la Porte la pacification de la Grèce, les flottes réunies de France, d'Angleterre et de Russie gagnent sur la flotte turco-égyptienne la victoire de Navarin. — Succès des Russes contre les Perses; ils prennent la ville d'Erivan. — La garde nationale de Paris est licenciée; rétablissement de la censure.

1828. En Irlande, troubles sanglants; l'orateur O'Connel remue les masses. — Les Russes déclarent la guerre à la Turquie pour violation prétendue du traité d'Ackerman. — En Portugal, don Miguel accepte la régence ; des cortès, extraordinairement convoquées, le proclament roi, et il accepte la couronne. Dona Maria arrive en Angleterre. — Au Mexique, discordes sanglantes entre les partis.

1829. Le capitaine Ross entreprend un voyage d'exploration dans les mers polaires. —Par le traité d'Andrinople, les grandes puissances arrêtent la marche triomphante des Russes sur Constantinople. — La Turquie reconnaît l'indépendance de la Grèce. — Le roi d'Espagne, Ferdinand VII, épouse Marie-Christine, princesse des Deux-Siciles. — Mort du pape Léon XII ; il a pour successeur Pie VIII.

1830. Charles X, roi de France, venge, par la prise d'Alger, l'insulte faite à son ambassadeur.—A Paris, le peuple se soulève à l'annonce des ordonnances rendues par le roi ; après les trois sanglantes journées des 26, 27 et 28 juillet, Charles X se voit forcé d'abdiquer ; il se retire en Angleterre avec sa famille. Lafayette est nommé commandant de la garde nationale ; le duc d'Orléans est déclaré lieutenant général du royaume. Le 7 août, les Chambres appellent au trône ce même duc, qui règne sous le nom de Louis-Philippe Ier, roi des Français. — La Belgique se sépare de la Hollande. — Les Polonais secouent le joug de la Russie. — Troubles en Italie et en Allemagne. Mort de Bolivar, président de la république Bolivienne. — Mort du roi d'Angleterre, George IV. — En Espagne, Ferdinand VII abolit la loi salique, et déclare pour son héritière l'infante Isabelle. — Mort du roi de Naples François Ier.

1831. Les grandes puissances donnent aux Belges pour roi Léopold de Saxe-Cobourg. — Les Russes assiégent Varsovie et s'en rendent maîtres. — Les Autrichiens rétablissent la tranquillité en Italie. — Une loi bannit de France, à perpétuité, les Bourbons de la branche aînée, et abolit l'hérédité de la pairie. — Expédition des Français contre Médéah, en Afrique. — En Grèce, assassinat de Capo-d'Istria, président de la république. — Élection du pape Grégoire XVI. — Le choléra exerce de grands ravages dans le nord de l'Europe. — Don Pédro, empereur du Brésil, est forcé d'abdiquer en faveur de son fils.

1832. Ravages du choléra en France, de mars à septembre ; mort de Cuvier ; 18,000 personnes succombent à Paris. — Mort du duc de Reichstadt, fils de Napoléon Ier, à Schœnbrunn, en Autriche. — Les Français s'emparent de Bone, en Afrique. — Les Français, pour la Belgique, s'emparent de la citadelle d'Anvers. — Guerre entre Méhémet-Ali, pacha d'Égypte et la Turquie ; bataille de Koniah.

1833. Les Anglais s'emparent des îles Falkland ou Malouines, près de la Terre-de-Feu. — Mort de Ferdinand VII, roi d'Espagne. Sa fille Isabelle lui succède, sous la régence de sa mère Marie-Christine. — Le capitaine anglais Napier détruit la flotte miguéliste près du cap Saint-Vincent ; don Pédro et dona Maria entrent à Lisbonne. — La Russie vient au secours de la Turquie en guerre avec Méhémet-Ali. Traité entre la Russie et la Turquie, signé à Unkiar-Skelessi. Une clause secrète ferme les Dardanelles à tous bâtiments étrangers.

1834. Traité de la quadruple alliance. — Les Espagnols entrent en Portugal pour soutenir don Pédro contre don Miguel, qui a reconnu don Carlos pour roi d'Espagne. — Don Pédro meurt à l'âge de 36 ans. — Insurrection à Lyon.. — Mort de Lafayette.

1835. Attentat de Fieschi contre la vie du roi Louis-Philippe; plusieurs victimes, dont le maréchal Mortier, succombent dans cette malheureuse journée. — Le maréchal Clauzel et le duc d'Orléans, fils aîné du roi, dirigent une expédition contre Mascara, ville d'Afrique. — L'empereur d'Autriche, François Ier, meurt après 43 ans de règne; son fils, Ferdinand Ier lui succède. — Le roi de Grèce, Othon, déclaré majeur, est couronné. — Dona Maria, reine de Portugal, épouse le duc de Saxe-Cabourg, neveu du roi des Belges. — Affreux tremblement de terre au Chili. — Méhémet-Ali fonde un musée au Caire, et rappelle les jeunes Égyptiens qui étudient en France les sciences et les arts.

1836. Les Chambres autorisent l'ouverture d'un chemin de fer de Paris à Versailles. — Inauguration de l'arc de triomphe de l'Étoile, commencé en 1806. — Le général Clauzel échoue devant Constantine. — Mort du roi de Saxe, Antoine; avénement de son neveu Frédéric-Auguste II. — Crise monétaire et commerciale en Angleterre. — Charles X, ex-roi de France, meurt à Goritz, en Illyrie. — Insurrections carlistes en Espagne. — L'indépendance du Mexique est reconnue. — L'Arkansas et le Michigan sont annexés aux États-Unis.

1837. Le duc d'Orléans, fils aîné du roi Louis-Philippe, épouse la princesse Hélène de Mecklembourg-Schwérin. — Le général Bugeaud conclut avec Abd-el-Kader le traité de la Tafna. Prise de Constantine par les Français. — Mort du roi d'Angleterre, Guillaume IV, auquel succède sa nièce Victoria. Son oncle paternel, le duc de Cumberland, devient roi en Hanovre. — Thomas Spencer découvre les principes de la galvanoplastie. — Les banques des États-Unis suspendent leurs payements en espèces. — Au Mexique, le général Bustamente est élu président. — Insurrection dans le Canada.

1838. Naissance du comte de Paris, fils aîné du duc d'Orléans et petit-fils du roi Louis-Philippe. — Pour venger les préjudices causés à nos nationaux au Mexique, une escadre française, sous le commandement de l'amiral Baudin et du prince de Joinville, troisième fils du roi, bombarde et emporte d'assaut le fort de Saint-Jean d'Ulloa, qui défend la Vera-Cruz. — En Angleterre, couronnement de la reine Victoria ; les Anglais font un brillant accueil au maréchal Soult. — Les Français évacuent Ancône, qu'ils occupaient depuis 1832. — Guerre en Circassie.

1839. Le maréchal Vallée et le duc d'Orléans, en Algérie, franchissent les Portes-de-Fer, hautes murailles calcaires, et reconnaissent la contrée entre Alger et Constantine. — Daguerre invente la photographie. — Les Anglais, aux Indes, s'emparent de Scind, de Caboul et d'une partie de l'Asie centrale. Ils prennent possession de la ville d'Aden, à l'entrée de la mer Rouge. — Le Limbourg et le Luxembourg sont partagés entre la Belgique et la Hollande. — Mort de Frédéric VI, roi de Danemark. — Don Carlos, obligé de se réfugier en France, est interné à Bourges. — Ibrahim défait les Turcs à Nézib, au nord d'Alep. — Mort du sultan Mahmoud ; il a pour successeur son fils, Abdul-Medjid. — Tremblement de terre à la Martinique.

1840. Préparatifs de guerre en France à la nouvelle du traité de Londres entre l'Angleterre, la Prusse, l'Autriche et la Russie, au sujet de la question d'Orient. — En Algérie, les Français s'emparent de Cherchell, de Médéah, de Miliana ; héroïque défense à Mazagran de **123** Français contre **12,000** Arabes. — Les restes mortels de Napoléon Ier sont ramenés en France par le prince de Joinville. Funérailles aux Invalides le **15** décembre.—A Madrid, Marie-Christine abdique la régence et se retire en France. — Première guerre des Anglais contre la Chine. — Abdication de Guillaume Ier, roi de Hollande, en faveur de son fils. — Mort de Frédéric-Guillaume III, roi de Prusse. — Occupation de Beyrouth, en Syrie, par les Anglais.

1841. La France prend part, avec les quatre grandes puissances, au traité des Détroits, par lequel le sultan s'engage à fermer le Bosphore et les Dardanelles à toutes les nations indistinctement. — Méhémet-Ali obtient l'Égypte à titre héréditaire. — Désastres des Anglais dans l'Afghanistan.—Naissance du prince de Galles. — Révolution au Pérou.

1842. Le duc d'Orléans meurt par une chute de voiture, le **13** juillet. — Dans l'Océanie, les Français prennent possession des îles Marquises. — Un accident terrible arrive sur le chemin de fer de Versailles, rive gauche; près de cinquante personnes périssent; de ce nombre, l'amiral Dumont-d'Urville. —Les Anglais font un traité de paix avec les Chinois, qui donnent **120** millions de francs d'indemnité. — Un incendie détruit une partie de Hambourg en Allemagne.

1843. En Algérie, le duc d'Aumale s'empare de la smala d'Abd-el-Kader; le gouverneur général Bugeaud est fait maréchal de France. — Les Français acquièrent Mayotte, une des îles Comores, à l'ouest de Madagascar; ils établissent leur protectorat sur les îles de la Société, malgré Pomaré, reine de Taïti. — Boyer, président de Haïti depuis vingt-cinq ans, est renversé par une insurrection.—Tremblement de terre à la Guadeloupe.

1844. Le maréchal Bugeaud gagne la bataille de l'Isly sur l'empereur du Maroc, Muley-Abder-Rhaman. — Le prince de Joinville bombarde Tanger et Mogador.—Au Mexique, une révolution renverse le président Santa-Anna. — Mort du roi de Suède, Charles-Jean XIV (Bernadotte), qui a pour successeur son fils, Oscar Ier. — Mort du duc d'Angoulême, fils de Charles X.

1845. La France conclut un traité de commerce avec l'iman de Mascate qui réside à Zanzibar.—Les Kabyles, à l'instigation d'Abd-el-Kader et de Bou-Maza, prennent les armes. — Les Français et les Anglais échouent dans une attaque contre Tamatave, dans l'île de Madagascar. —Annexion du Texas aux États-Unis.—Don Carlos, qui est toujours à Bourges, abdique en faveur de son fils aîné, le comte de Montémolin.

1846. Les Anglais battent les Sikhes, dans le royaume de Lahore, et s'emparent d'un territoire fertile. — L'Autriche incorpore à ses États la république de Cracovie, avec l'assentiment de la Prusse et de la Russie.—M. Leverrier, astronome français, découvre, par le calcul, l'existence et la position d'une nouvelle planète, Neptune. —Aux États-Unis, pratique de l'éthérisation pour faciliter les opérations chirurgicales, inventée par Wels et Jackson.—Mort du pape Grégoire XVI; élection de Pie IX.

1847. Mort de la princesse Adélaïde, sœur du roi Louis-Philippe. — En Algérie, Bou-Maza est obligé de se rendre, ainsi qu'Abd-el-Kader. — Inauguration du chemin de fer atmosphérique de Saint-Germain. — Mort d'O'Connel, le grand agitateur de l'Irlande.—Le noir Soulouque est élu président à Haïti. — Les Américains s'emparent de Mexico et de la Vera-Cruz.

1848. Révolution du 24 février, à Paris. — Abdication du roi Louis-Philippe en faveur de son petit-fils, le comte de Paris. Établissement d'un gouvernement provisoire. Les clubs s'ouvrent de toutes parts. L'Assemblée constituante proclame la république le 4 mai. Les ateliers nationaux, dissous le 23 juin, s'insurgent ; batailles sanglantes dans Paris, les 23, 24, 25 et 26 juin ; Mgr Affre, archevêque de Paris, est tué, ainsi que plusieurs généraux, deux députés et un grand nombre d'autres victimes. Le général Cavaignac est nommé chef du pouvoir exécutif. La Constitution est proclamée le 12 novembre ; elle établit une république démocratique, avec un président élu pour quatre ans. Le 10 décembre, le prince Louis-Napoléon est élu président par cinq millions six cent mille suffrages sur sept millions de votants. — Insurrections en Allemagne, en Italie, en Pologne. — Le roi Louis de Bavière abdique en faveur de son fils Maximilien II. — Mort de Christian VIII, roi de Danemark. — Guerre entre les Autrichiens et les États Sardes. — Mort d'Ibrahim, fils de Méhémet-Ali, pacha d'Égypte. — Découverte des mines d'or le long du fleuve Sacramento, en Californie. — Paix entre les États-Unis et le Mexique. — Mort du schah de Perse, Mohammed.

1849. Le choléra exerce ses ravages en France. Mort du maréchal Bugeaud. — Les Français s'emparent de Rome, où siégeait le gouvernement républicain, après le départ du pape.—En Algérie, prise de Zaatcha, ville rebelle de l'oasis de Biskara, après cinquante-un jours de siége. —Insurrection en Hongrie; la Russie envoie des troupes au secours de l'Autriche. — En Italie, le général autrichien Radetzky bat les Piémontais à Novare; Charles-Albert abdique en faveur de son fils aîné; il meurt quelque temps après à Oporto, en Portugal. — En Asie, le Pendjab est incorporé à l'empire anglais. — Soulouque se fait nommer empereur à Haïti, sous le nom de Faustin Iᵉʳ. — Mort de Guillaume II, roi de Hollande, et de Méhémet-Ali, pacha d'Égypte.

1850. Le roi Louis-Philippe meurt à l'âge de soixante-dix-sept ans, au château de Claremont, en Angleterre, où il résidait depuis 1848; sa fille, la reine des Belges, succombe deux mois après. — Le pape rentre à Rome le 12 avril. — Les Russes soutiennent toujours une lutte difficile contre les Circassiens commandés par Shamil.

1851. Événement du 2 décembre, à Paris. Le président dissout l'Assemblée, rétablit le suffrage universel, et convoque le peuple dans les comices. Sept millions cinq cent mille suffrages donnent la présidence pour dix ans au prince Louis-Napoléon. — Mort de la duchesse d'Angoulême. — Pose de la première pierre des Halles Centrales de Paris. — Mort du roi de Hanovre, Ernest-Auguste; son fils Georges, quoique aveugle, lui succède. —En Angleterre, exposition universelle de l'industrie dans le palais de Cristal. — Le télégraphe électrique est établi entre Calais et Douvres. — Découverte de mines d'or dans l'Australie. — Une éclipse totale et centrale de soleil a lieu le 28 juillet; elle était attendue avec crainte dans plusieurs pays.

1852. Le prince Louis-Napoléon, président de la République, donne une constitution qui organise les grands corps de l'État : un sénat, un corps législatif, un conseil d'État, une haute cour de justice. Un décret du 14 mars convertit le 5 0/0 en 4 1/2. — Pose de la première pierre pour l'achèvement du Louvre, qui sera terminé en 1857. — Le prince Louis-Napoléon Bonaparte est proclamé empereur, sous le nom de Napoléon III, le 2 décembre. — Les Anglais, aux Indes, s'emparent de Rangoun et d'Artaban, dans le pays des Birmans. — Prise de Laghouat, en Algérie, par les Français. — Abd-el-Kader quitte Amboise pour se rendre à Brousse.

1853. Prise de possession des îles de la Nouvelle Calédonie et des Pins, au nom de l'empereur des Français. — Guerre entre la Russie et la Turquie. La flotte anglo-française entre dans le Bosphore pour défendre Constantinople. — Tentative d'assassinat sur l'empereur d'Autriche. — Santa-Anna est rappelé à la présidence par les Mexicains. — Un tremblement de terre détruit la ville d'Ispahan, en Perse. — Mort du père Roothaan, général des jésuites ; de François Arago, astronome ; de l'architecte Visconti, chargé d'achever le Louvre.

1854. Traité d'alliance entre la France, l'Angleterre et la Turquie. La flotte anglo-française entre dans la Baltique. — Les Anglais et les Français débarquent sur les côtes de Crimée. — Les Russes sont battus, le 20 septembre, à l'Alma, puis à la Tschernaya, à Inkerman. — Siége de Sébastopol. — Traité de commerce entre le Japon et les États-Unis. — Mort de Silvio Pellico, à Turin ; de M. de Villèle, ex-président du conseil des ministres sous Charles X ; du duc de Parme, Ferdinand III, assassiné ; d'Abbas-

Pacha, vice-roi d'Égypte ; du roi de Saxe, par suite d'une chute de voiture ; du maréchal Saint-Arnaud, le vainqueur de l'Alma ; de Kamehameha, roi des îles Sandwich.

1855. Accession de la Sardaigne au traité anglo-français. — 2 mars, mort de l'empereur de Russie, Nicolas Ier. Il avait succédé, le 1er décembre 1825, à son frère Alexandre Ier. Il a pour successeur son fils Alexandre II. — L'empereur et l'impératrice des Français visitent Londres. — 15 mai, ouverture à Paris de la grande Exposition Universelle. — Mort du Bey de Tunis, Ahmed-Pacha. — Abdication de Santa-Anna, président de la république du Mexique. — 16 août, les Russes vaincus par les Français et les Sardes au pont de Trachir. — 8 septembre, prise de la tour Malakoff et de la partie sud de Sébastopol. — L'armée haïtienne, commandée par l'empereur Soulouque, est battue par les Dominicains.

1856. 30 mars. Traité de paix entre la France, la Grande-Bretagne, la Sardaigne, la Turquie d'une part, et la Russie de l'autre, et conjointement avec l'Autriche et la Prusse. — L'empereur Napoléon se rend sur le théâtre des inondations à Lyon, à Valence, à Orléans, à Angers. — Exposition de l'agriculture à Paris. — Guerre de l'Angleterre avec la Chine, avec la Perse. — Révolution à Neufchâtel, en Suisse.

1857. 3 janvier. L'archevêque de Paris, Mgr Sibour, est assassiné dans l'église de Saint-Étienne-du-Mont, par un prêtre nommé Verger. — Les Anglais occupent l'île de Périm, à l'entrée de la mer Rouge. — Révolte de plusieurs régiments de Cipayes, aux Indes ; affreux massacres des Anglais. — Traité de paix entre l'Angleterre et la Perse. — Les Français font la conquête de la grande Kabylie. — Traité de paix entre la Prusse et la Suisse. Le roi de Prusse renonce à la souveraineté du canton de Neufchâtel, qui fera désormais partie de la confédération Suisse. — L'astronome Goldschmidt, découvre la cinquante-deuxième planète. — Mort du poëte Béranger, 16 juillet ;—de Cavaignac, ancien chef du pouvoir exécutif, 30 octobre. — Crise financière en Amérique, en Angleterre et en Allemagne. — 28 novembre. La reine d'Espagne met au monde un fils qui reçoit le nom de prince des Asturies. — Prise de Delhi par les Anglais.

1858. Le 3 janvier, mort de la fameuse tragédienne Rachel.

14 janvier. Tentative d'assassinat sur l'Empereur et l'Impératrice des Français, qui se rendaient à l'Opéra. On compta 10 morts et 156 blessés. Deux des assassins, Orsini et Pierri, périrent sur l'échafaud le 13 mars. — Mort, à Paris, de la reine douairière d'Oude. — Mariage de la princesse Adélaïde, fille aînée de la reine d'Angleterre, avec le prince Frédéric Guillaume de Prusse. — Le fameux chanteur Lablache meurt d'une bronchite à Naples.

1er février. L'Empereur donne la régence à l'Impératrice ; il crée un conseil privé qui deviendra un conseil de régence. — Mort du célèbre prédicateur le P. de Ravignan. — Le fils de la reine d'Oude meurt à Londres ; son corps est rapporté à Paris.

Mars. — Réception aux Tuileries de l'ambassadeur du roi de Siam.

5 avril. Inauguration du boulevard de Sébastopol par l'Empereur et l'Impératrice.

Paris. — Typ. Morris et Comp., rue Amelot, 64.